몽마르뜨 언덕에 흐르는 꿈

몽마르뜨 언덕에 흐르는 꿈

조금래 제3시집

도서출판 외림

"시인의 말"

화초들이
따사로운 햇살 속에서 봄눈을 틔운다.

금잔화, 능소화, 담쟁이, 백작약, 애기장미,
목수국, 박태기나무, 백일홍, 소사나무, 주목나무 …

아내가 마음을 써서 가꾸는 아담한 이 화단은
아름답기도 하지만 언제나 내 마음을 힐링 해준다.

담장 옆 나무를 타고 오르는 능소화를 올려다보는
빨간 우체통 옆 백일홍, 백작약, 애기장미는
아담한 이 화단에서 '검이불루 화이불치' 분위기를 자아내
나는 일부러 서재에서 내려와 이들을 무심히 바라보곤 한다.

하늘빛 좋은 봄날 아침
도봉산을 불어온 바람이 내 얼굴을 스치고
화초들의 봄눈 틔우는 소리 들려온다.

-2025년 봄날 아침에, 조금래-

차 례

시인의 말 … ‖ 조금래 … 5
평설 … ‖ 우성봉 … 109

제1부 | 풍경이 있는 중랑천

빨간 우체통 옆에 핀 백작약 … 13
풍경이 있는 중랑천 … 14
뜨락에서 … 15
소나무 … 16
와우정사 빗소리 … 17
서사(敍事)가 있는 풍경 -딸의 여정을 따라가며- … 18
흐르는 냇물처럼 … 20
종이배가 되어 … 21
Hyundai Marine -현대해상 창립 70주년에 부쳐- … 23
사라다케에서 … 24
메콩강은 흐른다 … 26
멧새 소리 들으며 … 27
부채질 … 28
제비꽃 연가 … 29

제2부 | 연둣빛 잎새를 바라보며

꼬막 ... 33
동창리 하늘 ... 34
봄꽃 ... 35
장해심사대기실 ... 36
일개미들의 행렬 ... 38
식염수 ... 39
낫 ... 40
경의선 철길에서 ... 41
연둣빛 잎새를 바라보며 ... 43
노동과 장맛비 사이 ... 45
흐린 날 원효봉에서 ... 46
새벽으로 가는 길 ... 47
해시(亥時), 계엄령 선포 ... 48
근역서휘 -경포대에서 난설헌을 그리며- ... 51

제3부 | 그리운 제주의 꿈

자전거 산책 ... 55
귀성전야(歸省前夜) ... 56
꿈길 ... 57
산 따라 물 따라 ... 58
단풍잎 피어나는 봄 뜨락 ... 60
꽃향기로 흐르는 마음 -석란 꽃꽂이를 보며- ... 61
장가계 대협곡 ... 62
평창 숭어리 숲 ... 63
자라섬에 내리는 밤비 ... 64
유월의 설장구 ... 65
그리운 제주의 꿈 ... 66
재즈 카페에서 ... 68
카톡방 ... 69
들길을 걷다가 ... 70

제4부 | 몽마르뜨 언덕에 흐르는 꿈

내가 서석대 되어 -무등산에서- ... 73
수종사의 봄 ... 74
보광사에서 ... 75
잔설(殘雪) ... 76
금병산에 내리는 가을비 ... 77
단풍잎 춤사위를 그리며 ... 78
명가네 게스트하우스 ... 80
물안개 피어나는 밤 ... 81
물수제비를 뜨며 ... 82
난초 ... 83
몽마르뜨 언덕에 흐르는 꿈 ... 84
남도 가는 길 ... 86
천문(天門)을 열어주던 바람 ... 87
금잔화 ... 88

제5부 | 날아라, 우울한 현실의 몽상이여

날아라, 우울한 현실의 몽상이여 ... 91
너의 사랑이 눈물이라면 ... 92
치마상추 ... 93
우츄프라카치아 ... 94
겨울 바다 ... 95
냇가에 앉아 ... 96
그리움으로 피어나는 새벽 ... 97
공감의 침묵 ... 98
발길 ... 99
동백 ... 100
떠난 길 되밟아 오면 ... 101
숨바꼭질 ... 104
나비의 꽃밭 ... 105
커피 향을 타고 ... 106

제1부

풍경이 있는 중랑천

빨간 우체통 옆에 핀 백작약

어느 소식을 기다리기에
오늘도 그대는 키 닿지 않는 빨간 우체통 옆에 서서
내리는 비를 맞으며 그리 서 있는가

숨결 따라 흘러든 빗물을 가슴에 머금고
애기장미 꽃잎을 적시는 투명한 시간을 바라보며
오늘도 그대는 손 닿지 않는 시간 속에 서서
내리는 비를 맞으며 하염없이 그리 서 있는가

젊은 날의 시간 끝에 매달려 있던 고매한 그 기억들은
소나기 뒤로 번져올 맑은 햇살 받으면
빨간 우체통 속에서 꺼내어 그리운 사연처럼 읽을 수 있을까

백일홍 줄기를 타고 오르는 담쟁이도 백일홍 향기에 취해
내리는 빗속에서 저리 하늘거리는데
빨간 우체통은 백작약 하얀 가슴에
그 언제나 붉은 사연 오롯이 담아 전해주려나

풍경이 있는 중랑천

비 갠 오후
물고기 사냥하던
쇠백로 왜가리

길게 목을 뽑고 서서
산책로 따라 걷는 사람들과
바람을 가르며 달리는 자전거를
우두커니 바라보고

인라인 스케이트가 지나는 뒤로
에어로빅 음악이 활기차게 따라갈 때
농구장 젊은이들의 함성 속으로
버스킹 피아노 기타 소리 흐르고

가슴 씻어내는 시원한 물소리가
풀잎을 흔드는 바람 따라
내 귓가에 가만히 젖어 들 때

물총을 마구마구 쏘아대는
쇠백로 왜가리들의 향연 너머로
석양이 붉게 타오른다

뜨락에서

이른 아침 뜰을 쓸면
마당 어귀에서 졸던 바람이
눈 비비며 다가와 나를 거든다

창고에 몰래 들어 잠자던 고양이가
늘어지게 기지개를 켜고 나오다가
수돗가 비둘기들을 물끄러미 바라본다

꽁지를 분주하게 흔들어대며
굴뚝새 멧새 불러 모아 신나게 조잘대는 참새들
감잎 위 눈 부신 햇살을 노래하며 하루를 연다

아침 뜨락 멀리 뵈는 도봉산 맑은 하늘이
한가하게 노니는 조개구름에게
북한산 삿갓구름과 놀다 오라고
입김을 가만히 불어넣는다

소나무

바람이 흐르는 봉우리에 서서
하늘을 품고 숨 쉬는 푸르름이여

바위틈에 뿌리를 내리고
온갖 풍상을 겪으며 살아온 그대는
내 영혼의 어머니

바람이 흔들리다 떠나고
초목들도 쉽게 발 내리지 못하는 곳에 서서
흘러가는 구름 불러 한나절을 놀고
새들이 찾아들면 어깨를 내어주며 쉬어가게 하는
굳센 삶의 위태로운 안식이여

층계 없는 햇살을 타고 오르는 그대는
사계를 불변으로 빚어내는
내 영혼의 좌표

와우정사 빗소리

부처님은
누워 계시고

연둣빛 잎새 틔우는 나뭇가지들
여린 눈망울 적시며
사월의 빗소리에 젖는다

이른 봄
내 설움 위로
빗소리 흐르고

합장한 손끝을 타고
흘러드는 빗소리 멀리
뻐꾸기 소리 구슬프고

화사하게 웃던 벚꽃도
분홍빛 사연 품은 진달래도
볼에 흐르는 빗물 닦으며
젖은 내 눈망울 촉촉이 바라본다

서사(敍事)가 있는 풍경
-딸의 여정을 따라가며-

쎄느강변을 따라
튈르리 가든을 찾아가는 내 마음이여

네가 앉았을 그 벤치에 앉아
한없이 너를 그리워하는 내 마음이여

바람을 타고 번져오는 물결 위로
니트 라피아햇 흰 모자를 쓴 너의 모습을 살며시 띄우면
내 마음은 콩코르드 광장에서 불어온 바람을 타고
쎄느강을 따라 넘실넘실 흘러가는 바토파리지앵

햇살을 타고 번져오는 꽃향기 속으로
해맑은 너의 표정을 떠올리면
나는 오르세미술관에서 피아노를 연주하는 소녀들의 마음 을 따라
루브르박물관에 서 있는 밀로의 비너스를 만나러 가는 황홀한 이방인

파리의 푸른 하늘과 흰 구름을 배경 삼아
하얀 수선화 같은 표정을 사진에 담아 서울로 보내온 너는
내 입가에 미소를 피워내는 아름다운 천사

세이지 꽃 가득 핀 이 길을 따라 걷던 너는

마이욜의 강과 지중해를 바라보며
쎄느강으로 흐를 튈르리 연못에 어떤 배(船)를 띄웠을까

파란 연못에 비치는 장미 위로
하얀 수선화 같은 너의 모습을 띄우던 나는
문득 한 줄기 바람이 되고 싶다

너의 꿈을 싣고 가는 그 뱃길 따라
에펠탑 잔영(殘影)들도 넘실넘실 뒤따르는
쎄느강을 불어가는 한 줄기 바람이 되고 싶다

흐르는 냇물처럼

흐르는 냇물처럼 살자
웅덩이에 고여 있는 물 되지 말고
우리, 흐르는 냇물처럼 살자

하늘 담은 가슴엘랑
꽃잎 하나 띄워놓고
우리, 흐르는 냇물처럼 살자

수면 위로 신들린 듯 햇살을 풀어내는
버들치들의 수채화도 가슴에 한 폭 품고
우리, 흐르는 냇물처럼 살자

그렇게 흘러가다가
풀뿌리와 바위들도 꽃향기로 적셔 주는
우리, 흐르는 냇물처럼 살자

종이배가 되어

빛 뿌리는 하늘이여
하늘의 기운으로 열리는 대지여
그대 때문에 이 땅은 신비로 가득합니다

햇빛을 타고 온 바람과
바람을 타고 온 구름은
그대가 부르는 노래가 되어
내 마음을 기쁨으로 춤추게 합니다

나날이 깊어 가는 사랑은
그대 눈빛을 담은 호수가 되어
오늘도 내 가슴을 맑게 출렁이게 합니다

한 방울 이슬 같던 투명한 그리움이
내 마음을 적시고 또 적시어
이제는 그리움으로 온몸을 출렁이게 하는 그대여

출렁이는 물결 속에서 나는
한 조각 종이배 되렵니다
출렁이면 출렁일수록 커지는 그리움 안고
높푸른 하늘을 꿈꾸며 바다를 물밀어갈 것입니다

그리하여 해풍이 빚어내는 물무늬를 가슴에 담고

참치 떼 찾아가는 갈매기들의 꿈을 눈에 담아
고운 얼굴을 마주 보며
그대에게 나의 사랑 노래를 들려줄 것입니다

달빛 은은한 밤에 묻혀
그대 귓가에
밤새도록 들려줄 것입니다

Hyundai Marine
－현대해상 창립 70주년에 부쳐－

고전의 숲을 건너온 바람이
지중해를 지나 대서양을 불어오면
나는 넘실대는 푸른 파도를 타고
인도양을 돌아 태평양을 꿈꾸는 Hyundai Marine

저 바다에 순풍이 불면 기쁨의 배 띄우고
저 바다에 풍랑이 일면 구원의 배 띄우며
슬픔과 행복을 함께 해 온 나날이여
한결같은 마음으로 진심을 다해온 약속의 70년이여

겨레의 숨결이 살아 숨 쉬는 광화문에서
만선의 꿈을 안고 에메랄드빛 바다를 노 저어 가
나, 드넓은 바다에 이순신 장군처럼 거북선을 띄우리
그리하여 현대해상 로비 가득 흐르는 꽃향기를 온 누리에
전하리

그 꽃향기를 담은 다채로운 엠블럼 색(色)은
인류의 축복을 노래하는 따스한 나의 마음
그 꽃향기를 담은 조화로운 엠블럼 모양은
인류의 평화를 기원하는 간절한 나의 사랑

오늘도 오대양 육대주의 행복을 찾아
바다와 지상을 넘나드는 나는 Hyundai Marine
갈매기 날개 위에 내일의 꿈을 싣고
높은 파고도 거침없이 헤쳐 넘는 나는 Hyundai Marine

사라다케에서

백악의 비렁길 따라
바람 타고 가네
굽이굽이 편백숲 따라
바닷바람에 이마 씻으며 가네
깊으면서도 잔잔한 대마도 물결 따라
은은한 물빛 사랑 타고 가네

히타카츠항 파도를 잠재우며
은빛 출렁이는 물결로 푸른 꿈을 키워
푸르디푸른 유월의 옷을 입은 사라다케여
하늘을 품고 사열받는 듯한
곧고 늠름한 편백의 황홀한 자태여

오늘, 푸른 하늘에 젖어
바람에 머리를 씻는 것은 편백 너의 몸이더냐
사라다케를 향해 오르는 내 마음이더냐
해류를 타고 동지나해를 지나
태평양으로 가고 싶어 하는 반도의 마음이더냐

서편으로 검푸른 현해탄을 바라보고
동편으로 아소만의 온갖 섬들을 둘러놓은 채
백옥의 살갗을 눈부시게 내보이는 백악이여
아아, 그대를 향해 경배하는 모든 신들 뜻을 나 지금 알겠도다

백악이여, 눈부신 그대의 자태에
나 지금 눈멀었다
어느 한 곳에만 눈길 주지 않고
천지사방에 눈길 열어 놓은 그대의 마음에
나 지금 온통 마음 빼앗겨 버렸다

그러나, 코발트 빛 바다에 너른 마음 풀어놓고
작은 섬들을 그윽한 눈길로 시원하게 쓸어주는 사랑이여
그대가 들려주는 초목들의 숨결과 산새들의 노래가 있어
그대를 만난 나의 오늘 하루가
더없는 싱그러운 유월로 피어나는구나

반도와 열도 사이에 우뚝 솟은 사라다케여
흰 파도 삼켜 백옥으로 단장한 싱그러운 그대 모습에
내 가슴은 한없이 뛰는구나

메콩강은 흐른다

메콩강은 살아 있다
과거와 현재와 미래를 실어 나르는
메콩강은 살아 있다

농부와 어부의 꿈이 살아 숨 쉬고
메기 악어 돌고래가 헤엄치고
두루미 따오기 청둥오리가 날아다니는 곳

흐르는 메콩강은 꿈꾸고 있다
티베트를 발원해 중국 미얀마 태국을 지나
캄보디아 베트남 라오스에 이르는 숭고한 삶의 터전이여

수자원을 대주고 도로망을 이어
거대한 심장을 끊임없이 뛰게 하는
남아시아 어머니의 신비한 젖줄이여

긴 강(江)을 오가며 꿈을 실어 나르는 나무배는
이 땅의 사람들을 살아 숨 쉬게 하는 생존의 숨결이었구나
이 땅의 사람들을 하나로 이어주는 끈끈한 사랑이었구나

황토물에 실어 나르는 어제의 설움과 오늘의 아픔을
강물 위에 둥둥 떠 있는 부레옥잠으로 걸러
부단히 내일을 꿈꾸는 거룩한 메콩강이여

멧새 소리 들으며

봄이 오면
멧새 소리 들으며
나는 가리

바람에 실려 오는 봄꽃들의 향기와
강물 따라 흐르는 은빛 햇살과
얇게 흐르는 실비단 구름
나, 꿈처럼 만나러 가리

봄꽃들의 꿈을 날개에 싣고 날아가는
멧새들의 향기로운 노랫소리 들으러
얼어붙은 내 가슴 데리고
나, 봄 들녘으로 가리

멧새 소리 들으며 봄 눈 활짝 틔우는
그 숨결 만나러
나는 가리

부채질

평상에 앉아 부채질을 하면
내 삶의 마당으로
시원한 바람 한 줄기 불어온다.

바람 한 점 없는 날
살랑살랑 바람을 일으켜
아마에 땀을 씻어주는 부챗살아

불볕에 송골송골 맺히는 땀방울을
뜨겁게 울어대는 매미 울음 속으로
살랑살랑 날려 보내는 너는 강바람

사북 자리에서 밀어 올리는
너의 숨결을 타고
나는 한 마리 학(鶴)이 된다

솔바람 소리 한가로운 강물 위를
훨훨 날아오르는
나는 한 마리 학(鶴)이 된다

제비꽃 연가

바람이 불어가는 곳일지라도
한 뼘 햇살이 든다면
나는 괜찮아요

당신이 찾아오지 않아도
당신을 기다리며 살아갈 수 있다면
나는 견딜 수 있습니다

새소리 들려오는 곳에서
당신이 하늘색 제비꽃으로 피어나면
나는 당신 곁에서 보랏빛 제비꽃으로 피어날 것입니다

그리운 당신 곁에 머물 수 있다면
발밑에 흐르는 찬 기운 잊고
나는 아지랑이 피어나는 봄노래를 부르렵니다

제2부

연둣빛 잎새를 바라보며

꼬막

바다에 젖어 살아가는 몸
뭍에 풀어놓는 사랑

만선을 꿈꾸다가
질척한 삶 떨치지 못하고
그냥 바다가 좋아서
바다 냄새 가득한 뭍에 돛을 내리고
막걸리 술잔 속에
툽툽한 손이 풀어놓는
짭짤한 사랑아

쩌어억 벌린 네 입에서
펄럭이지 못한 만선의 깃발이
푸른 바다로 살아와 넘실거린다

동창리 하늘

수정알처럼 맑은
대한민국 평택 동창리 하늘

그 하늘을 훨훨 나는 고추잠자리들 군무(群舞) 위로
흙먼지 일으키며 하늘을 휘젓는
고추잠자리 같은 USA 헬기

유유히 하늘을 날던 고추잠자리들이
USA 헬기 바람 소용돌이 속으로
묻혀들고
추락하고

그 소용돌이를 내려다보는 낮달을
나는 멍하니 올려다본다

대한민국 고추잠자리야
너는 어서 가을 하늘을 날아오르거라
대한민국 평택 동창리 하늘을
어서 훨훨훨 날아오르거라

USA 헬기 한 대 없이
낮달도 한가로이 졸고 있을
그 파란 하늘을 꿈 꾸며
너는 어서 훨훨훨 날아오르거라

봄꽃

꽃봉오리 터뜨리는
봄날의 저 함성

맨몸으로 바람맞는
극한의 저 극치

벌 나비 찾아드는 봄을 노래하다
환하게 터지는 저 혁명의 빛

봄볕에 흐르는 향기가
코끝에 아찔하다

장해심사대기실

상흔(傷痕)의 열차를 타고 가는
초점 잃은 눈빛들이여
뭘 그리 한 곳만
멍하니 뚫어져라 응시하는가

어쩌다 한 번씩 깊은 한숨으로
침묵을 흔드는 불안들이여
정지된 시간을 뚫고 살아오는
아픈 그 기억들을 어이 할거나

오늘도
햇살 좋은 유리창에 부딪히는 신음은
심줄 팽팽하던 순간을 호명하는 것인가
팔팔하게 일하던 기억들을 추억하는 것인가
국밥집 막걸리 한 잔을 그리워하는 것인가

불안정한 호흡에 쌓여가던 침묵이
장해 안내 모니터 자막에 희뿌옇게 엉겨 붙고
풀리지 않는 무수한 삶의 암호들이 살아와
쇳덩이보다 무겁게 가슴을 짓누르는 시간이여

아아, 절망보다 깊은 상흔을 안고
죽음보다 깊은 정적에 싸여

돌아갈 수 없는 강을 건너는 침묵의 열차여
음울한 한낮의 적막 속으로
대기자 호명 소리 울려 퍼진다

일개미들의 행렬

새벽 불빛 따라
우리는 일터로 가지

겨우살이 먹이를 찾아
작은 불빛만 보여도
우리는 그 일터로 달려가지

여명을 타고
전사처럼 일터로 갈 때
차라리
한밤의 불나방이었으면 했어

불나방처럼 전등을 향해 뛰어들면
밝고 큰 불빛은
반복되는 우리들의 일상 위로 부서져 날리려나

섬뜩한 섬광처럼
혹은 희뿌연 먼지처럼

식염수

너의 가슴 깊이 아픈 손가락을 넣으면
따뜻한 온기가 전해 온다

곪을 것은 곪아 터지게 하고
아물 것은 아물게 하기 위해
끊임없이 상처를 소독해 대는 너

터뜨려야 할 것을 터뜨리지 못하고
아물게 할 것을 아물게 하지 못한
아아, 어설픈 내 삶의 매듭들이여

아픈 손가락을 움직일 때마다
가슴의 온기로 내 설움을 불리어
멀겋게 씻어내는 너는 투명한 연민이었구나

불빛 아래에 잔잔히 흔들리며
내 삶의 흔적들을 부유물로 띄우는 너

너의 가슴속에서 내 손가락은
언제쯤 마음의 상처까지 씻어내고 새살 돋울까

낫

날 선 광채를 더는 발하지 못하고
헛간 벽에 매달린 채
녹슬어가는 서러운 눈빛이여

습한 바람이 불어갈 때마다
헛간 공기(空氣)를 흔드는 너의 밭은기침은
전사(戰士)가 되어 들녘을 누비던 일상이
아픔으로 묻어 나오는 검붉은 한숨이더냐

바람 속에 풀어놓는 너의 무딘 한숨 속에서
나는 보았다
청보리 파랗게 넘실대는 언덕에서 꿈꾸던 너의 눈빛을
벼가 익어가는 들판에서 풍년을 노래하던 너의 마음을

바둑이 그림자 얼씬 않고
소 방울 소리만 환청으로 들려오는 골목에 서서
헛간을 헛헛하게 들여다보는 나는
문득 이런 생각이 들었다

청솔가지 벼포기 쓱싹쓱싹 잘도 잘라내던 너
이제, 먼지 뒤집어쓴 거미줄 하나 걷어낼 수 있을까

경의선 철길에서

시간이
시간 위를 걷는 시간

내가 나의 시간을 데리고
그리운 너에게로 갔을 때
너도 너의 시간을 데리고 와
나의 시간을 기다리고 있었다

저녁 바람을 타고 온 나의 청춘이
너의 시간을 만났을 때
밝은 미소를 띠며 맞아주던 너

그때 나는
너의 청춘이 살아오는 속으로
나의 청춘이 걸어가
풀잎과 나무와 하늘의 노래를
너에게 들려주려는 나를 보았다

신비한 시간이여
아름다운 청춘을 데리고
저물녘 경의선 기차를 타면
우리들의 시간은 그 어디로 향할까

도라산 끼고돌아 신의주에 닿으면
만주 벌판을 지나 실크로드까지 내달려
아라비안나이트 같은 전설을 들을 수 있을까

나의 시간이 너의 청춘을 불러내고
너의 시간이 나의 청춘을 불러내
시간이 시간 위를 걷는 시간

경의선 철길에서 나는
환히 웃으며 내닫던 우리의 청춘을 보았다

연둣빛 잎새를 바라보며

1
연둣빛 잎새를 바라보며
각질을 벗겨 내자
의식의 각질을 벗겨 내자
먼지처럼 버석거리는 의식의 각질을 벗겨 내자

사포로 각질을 문지를 때마다
궁색했던 내 생각이 일그러지고
움츠렸던 내 시간이 밀려 나가고
게으른 나의 꿈 노래가 떨어져 나가게
심혈을 기울여 무거운 시간을 벗겨 내자

의식의 끝이 생채기가 나서
피가 좀 배어나면 어때?

내 생활 바닥으로부터
연둣빛 새싹이 돋아날지도 모르잖아

2
처절한 비명을 지르는 어제여
내일을 꿈꾸는 시간 앞에서
너는 오늘 숨죽여 울어야만 한다

그러나 너의 눈물은 이미 메말라
너의 눈물로 적실 나의 시간은
도무지 보이지 않는구나

내 의식의 끝에서
먼지로 풀풀 날리는 너의 시간만이
내 호흡을 거칠게 하고 눈앞을 가리는구나

각질을 벗기며
연둣빛 잎새를 그리는 마음이여

각질이 벗겨지는 자리에 푸른 피 배어날 때면
게으른 나의 시간이
피 흘리며 죽어가는
그런 시간이라 여겨다오

노동과 장맛비 사이

근대의 숲을 건너온 바람이
지상에 무더운 숨을 풀어놓을 때
아스팔트 위를 지나던 지렁이 한 마리

세찼다 덜 했다 하는 비의 간극(間隙)에서
목을 축이는 것보다 더 몸이 젖는 것은
이미 오랜 일상처럼 되어버린 나날들

무엇을 찾아가다가
꽃뱀이 지나갔을 그쯤에서
골프장 스프링클러보다 화려한 무지개 피워내며
공중을 수놓는가

애초에 지하를 빠져나오려던 게
잘못이었나

호미가 긁어온 시간을 굴삭기가 걷어내고
손수레가 퍼 나른 시간을 덤프트럭이 메워갈 때마다
티라노사우르스보다 높은 건물들은 밀집해 들어서고

흙길을 덮은 아스팔트가
장맛비 굵어지면 굵어질수록
문명의 바다가 되어 까맣게 출렁거리는

노동과 장맛비 사이

흐린 날 원효봉에서

원효여
높푸른 하늘을 품었던 그대여
이 땅의 기운을 가득 돋우던 그대여

원효여
지금 서울 하늘은 먹구름으로 가득한데
그대는 이 땅에 다시 돌아올 수 없는가?

그대는 왜
북한산 자락에 종의 형상으로 남아
그렇게 묵묵히 서 있는가?
그렇게 남아서 무음의 종소리로 전하는
그대의 사랑은 무엇인가?

가까이 의상봉을 짝한 그대는
햇살을 타고 맑은 바람으로 불어와
하늘을 뒤덮고 있는 저 먹구름 거두어 갈 수 없는가?

어서, 의상을 불러 대좌(對坐)하고
서울의 국운을 햇살 짱짱하게 논하여 봐라

새벽으로 가는 길

울지 마라
신음하지 마라
통곡하지 마라

자유와 민주주의, 너를 위해
피 흘리며 건너야 할 이 밤
두려움도 외로움도 고통도
이 모두 너를 향한 우리의 숨결

너를 향해 노래 부르는 우리
너를 껴안고 몸부림치는 우리
그것은 우리의 숨결이다
그것은 우리의 숙명이다

두려움과 공포가 엄습해 와도
그것이 어찌 인권 없는 밀실에서 사투를 벌이는 숨결만 하랴
그것이 어찌 총칼과 군홧발에 짓밟히는 목숨만 하랴

온몸이 으깨어지고 숨이 잘려 나가도
목젖 안으로 가쁜 숨결 재워 삼키고
뜨거운 숨 토하며
우리, 새벽 강을 건너가자

통곡일랑 깊은 강심에 흘려보내고
바다에 풀어놓을 목울음 갖고
우리, 이 어둠을 건너가자

해시(亥時), 계엄령 선포

푸른 하늘 가슴에 품고
새소리에 꽃향기 얹어가며
한 층 두 층 쌓던 소망들

쌓는 건 한참이지만
무너뜨리는 건 참으로 일순간이겠더군요

힘들 때 서로 어깨 내주는 세상
비바람이 불어와도 서로 감싸주는 세상
마음 다 주고도 더 못 주어 안타까워하는 세상

쌓는 건 한참이지만
무너뜨리는 건 참으로 일순간이겠더군요

사람 냄새나는 세상을 꿈 꾸며
쌓고 쌓아도 끝이 없을 아름다운 세상
가족이 둘러앉아 성냥개비 탑을 쌓듯
정성스럽게 쌓아온 우리들의 아름다운 그 꿈들

쌓는 건 한참이지만
무너뜨리는 건 참으로 일순간이겠더군요

그러나, 나는 보았지요

정화수 떠 놓고 비는 마음을
토끼가 계수나무 방아 찧는 달 속 세상을
가족이 모여 앉아 텔레비전을 보며 야식을 즐기는 세상을

계엄령 선포의 공포 속에서도 나는 보았지요
계엄령 선포의 두려움 속에서도 나는 보았지요

구름처럼 국회로 모여드는 시민들의 발길 속에 살아있음을
슬리퍼를 신은 채 닫히는 국회 문을 열려고 뛰쳐나간 설동찬
보좌관과 보좌진들의 발길 속에 살아있음을
가족들과 평안히 TV를 보다가 국회로 무작정 뛰어간 최화식
예비역 준장의 발길 속에 살아있음을
지금 바로 국회로 와달라고 차 안에서 부탁하는 야당 대표의
절박한 목소리에 살아있음을
바람처럼 국회 담장을 넘는 국회의장의 몸짓 속에 살아 있음을
부끄럽지도 않냐고 외치며 계엄군 총구를 잡던 안귀령
대변인의 손목에 살아있음을
청년 계엄군 앞에서 군대 간 내 아들이 시민들에게 가해자가
되게 하지 말라는 어머니의 분노와 절규 속에 살아있음을
고민하고 번민하는 총칼 찬 계엄군의 소극적인 행동 속에
거짓말처럼 살아있음을
죽은 자가 산자를 돕고 과거가 현재를 도울 수 있다는 한강
작가의 정신 속에 진리처럼 살아있음을

그래서 민주주의 탑은 쉽게 허물어지지 않을 거라고
나는 믿었죠

일순간에 모든 것을 제 마음대로 무너뜨릴 수 있을 것 같지만
절대
절대로
쉽게 허물어지지 않는 탑이 민주주의라는 것을

근역서휘

-경포대에서 난설헌을 그리며-

내 마음에 바람 불어도
일렁이지 않는 소나무 숲이여

내 마음에 바람 불지 않아도
일렁이는 경포호수여

님의 발자취는 바다 안갯속에서도 피어나고
소나무 숲은 날아간 학을 맑은 바람 소리로 부르는구나

바람을 타고 퍼져가는 배롱나무 향기여
너는 다 하지 못한 초희의 숨결로 피어난 것이더냐

내 마음에 불어 가는 바람이여
초희의 발자취에 나는 서럽다

내 눈길에 젖어드는 구름이여
초희의 발자취에 나는 황홀하다

제3부

그리운 제주의 꿈

자전거 산책

중랑천 따라
자전거 산책을 할 때면
문득문득 내 유년이 살아온다

제 몸집 몇 배의 짐을 싣고도
햇살 속에서
짱짱한 살을 눈부시게 과시하던 너

햇살 속으로
팅!팅!
밝은 미소 눈부시게 날려주던 너의 청춘

골목길에서도 큰길에서도
심부름 길에서도 놀이 길에서도
중학교 등하굣길에서도
현란한 너의 몸짓에 절로 콧노래 흥겹던 나

천변을 따라가며
그리움의 페달을 밟으면
아련했던 내 유년의 꿈이
눈부신 자전거 살을 타고 동그랗게 살아온다

귀성전야(歸省前夜)

사람들을 실어 나르는 기차 소리 들으며
차오르는 성숙한 달을 바라보며
이 세상 때 묻지 않은 유년을 찾아
노끈보다 질긴 핏줄 당기며
귀성(歸省)의 꿈을 묶는 설렘이여

보이지 않는 벽 속에 갇혀
숨죽여 울던 숱한 밤의 상심(傷心)과
한 번도 늦춰본 적이 없는 생존의 눈빛을
오늘은 저 네온의 거리에 두고 떠나자

하늘의 별을 바라보며
살아있는 눈망울 속에 고인 눈물 지우고
담 너머 이웃에게 인정 담아 보내는 이웃 찾아
구릉 고개 언덕배기 다람쥐 찾아
노련한 술래가 되어 떠나자

동심이 허물어진 성년 속에서
새롭게 시작되는 유년의 질서를 만나러

꿈길

어머니
당신은 오늘도
꿈길로 찾아오셨죠

부르고 불러도
어머니, 당신은 대답이 없고
예쁜 꽃들만 바람결에 웃어주었습니다

웃어주는 꽃잎 위를
한 마리 나비가 되어 날 때
어머니, 당신과 함께 그 꽃밭에서 춤출 수 있을까요

꿈속 꽃밭에서라도
어머니, 당신이 부르는 오동동 타령에 맞춰
신명 나게 춤추며 노래하고 싶어요

산 따라 물 따라

1.
어머니, 이 산길 따라 걸어가면
그리운 어머니 만날 수 있나요
가고 가도 끝이 없는 길
어머니, 그 어디쯤 머물고 계시나요

어머니 손 잡고
들판을 지나 가파른 산길을 걸어갈 때
조금도 힘들지 않았던 길이
오늘은 왜 이다지도 힘들고 멀기만 한가요

능선을 걸어 산봉우리를 넘으면
손에 잡힐 듯이 보이던 골짜기
그 골짜기에서 어머니와 함께
잘 익은 머루 다래 한 자루 따서
저물녘, 그 들길을 다시 걷고 싶어요

2.
어머니, 이 물길 따라 흘러가면
보고 싶은 어머니 만날 수 있나요
물 건너 어머니가 계신다면
깊은 물을 걸어서라도 건너갈게요

어머니, 치맛자락 잡고
다슬기 잡던 그 시절 그리워
냇물에 발을 담그면
냇물은 높은 하늘만 가득 담고 흘러갑니다

물 따라 멀리 흘러간 옛 추억 그리며
긴 그림자 밟고 돌아오는 길에는
눈물 자국만 가득하네요

끓인 다슬기 국물
숟가락으로 술술 휘저으면
파랗게 출렁이는 물결 속으로
수수하게 웃으시던 어머니 모습 되살아오네요

단풍잎 피어나는 봄 뜨락

톡!
톡!
톡!
단풍잎 터지는 소리

붉은빛 감도는
연초록 잎잎들

고운 양탄자 타고
햇살이 바람에 희살댄다

아기 손처럼 부드러운 그 마음 다칠까
화분 언저리에 가만히 찬바람은 재워놓고
붉은 가을을 꿈꾸는 열망이여

아아, 내 가슴속에서
숨 고르며 피어나는
청아(淸雅)한 아침이여

꽃향기로 흐르는 마음
    -석란 꽃꽂이를 보며-

광화문 현대해상 로비에 가면
효심 가득한 그 마음이
전설처럼 흐르는 꽃향기가 있다

선친을 기리는 마음
삼백예순 날 꽃 항아리에 오롯이 담아
시공을 맑은 꽃향기로 물들이는 거룩한 사랑이여

동상(銅像)에 꽃향기 스며들 때면
그윽한 그 마음 아시는지
겨레의 가파른 운명을 평탄히 닦으시던 아산(峨山) 당신께서도
가만히 창밖 하늘에 눈길을 두며 흐뭇해하시는 모습

꽃을 사랑하는 마음으로 당신을 기리는 아들 몽윤의 마음은
꽃향기 가득한 세상을 꿈꾸던 아산(峨山) 당신의 마음
아아, 공중의 공기들조차도 그 외경(畏敬)을 아는가
로비를 오가는 사람들의 표정도 꽃처럼 맑고 향기롭다

광화문 현대해상 로비에 가면
숭고한 그 효심이
신화처럼 흐르는 꽃향기가 있다

장가계 대협곡

현란한 신의 손놀림이여
거칠 것 없는 바람의 무희여

너는 암벽 간에 벽을 내고
하늘의 길을 내보이는구나

올려볼수록 아뜩하고
바라볼수록 먼 천공(天空)이여

운무(雲霧)가 천애에서 노닐 때
내 마음도 바람을 타고 하늘을 오른다

평창 숭어리 숲

평창 숭어리 숲 펜션 정원에 서면
선홍빛 사랑이 있다

이슬에 몸 씻고 바위틈에 정갈한
나리꽃 사랑이 있다

평창 숭어리 숲 펜션 텃밭에 가면
보랏빛 사랑이 있다

깊은 사랑으로 뿌리내려
도라지꽃으로 피어나는 사랑이 있다

평창 숭어리 숲 펜션에 가면
산과 들과 물처럼 살아가는 사람이 있다

가리왕산 같은 가슴으로 아우들을 맞아주는
신선 같은 영봉이 형이 있다

자라섬에 내리는 밤비

비를 타고 자라섬을 찾아온 내 마음은
나뭇잎 끝에 매달린 빗방울

바람이 불어올 때마다 후두둑 떨어지는 비처럼
강물 따라 흐르고 싶은 내 마음이여

바다를 꿈꾸다 강에 머물지라도
용궁을 꿈꾸다 뭍에 남을지라도
강물이 세차게 흐를수록
비 내리는 자정을 건너고자
쉼 없이 물갈퀴를 젖는 자라섬이여

무수한 기억을 뒤로한 채
밤비를 뚫고 가는 경춘선 기차 소리 들으며
나도 발가락 끝에 힘을 모아
비 내리는 자정의 밤하늘을 건너간다

비가 비를 타고
시간의 계단을 오르는 자정의 밤하늘에
자라 한 마리 헤엄쳐 간다

유월의 설장구

맞잡은 장구채 가락을 타고
하늘을 품은 느티나무가
덩실덩실 어깨춤을 춘다

바람결에 소맷자락 날리며
느티나무 끝까지 오를 듯
흥취를 돋우는 해맑은 사람들이여

노랫가락 따라 춤을 풀어낼 때
궁닥딱궁딱
설장구 가락에 맞춰
유월의 햇살도 느티나무를 안고 춤을 춘다

설장구 가락을 타는 마음이
하늘 높이 올랐다가
느티나무 위로 쏟아지는 햇살을 타고
적상산 자락에 눈부신 유월로 피어난다

그리운 제주의 꿈

가슴속에 출렁이는 꿈이여
눈빛 속에 살아오는 그리움이여

푸른 파도 위에 그리운 누님의 모습을 띄우면
매형 형님 동생 조카 가족들의 얼굴이
유채꽃처럼 밝고 곱게 내 가슴을 물밀어온다

동기간의 그리움을 안고 살다가
올래길 곳곳을 함께 거닐고
넓고 푸른 바다를 같이 바라보며 즐겁던
꿈결 같은 시간이여

제주의 아름다움에 취해
더러 가족들 움직임을 놓치기 일쑤였지만
막내와 조카의 장쾌한 웃음소리에 서로 합류해
또다시 마주해 웃던 순간순간들이여

벌써 나는
꿈만 같던 제주의 그 시간을 안고 사는 그리움이 되었다
용두암 에코랜드 예술인마을 큰엉을 돌고
518 숲길 절물휴양림 섭지코지 바람을 쐬다
어쩔 수 없이 나는
제주 사랑에 몸부림치는 그리움이 되었다

오늘도
추억의 가족사진을 보다가
나는 성산 앞바다에 출렁이는 그리운 사랑이 되어버렸다

재즈 카페에서

술잔에
별이 흐른다

숨을 삼키는 목젖 속에서
한밤의 슬픔이 피어난다

재우지 못한 울음이
밤새 끈끈한 조명에 녹아든다

어슴프레 흔들리는 것은
눈물에 젖은 내 마음이다

건져 올릴 수 없는 술잔의 별이
흐린 창문 너머로 바람 따라 흐른다

카톡방

그리워
하고 카톡을 보냈더니
내 그리움보다 더 절절한 마음으로 되돌아오는
그리움

사랑해
하고 카톡을 보냈더니
내 사랑보다 더 절절한 마음으로 되돌아오는
사랑

날이 갈수록
자판을 누르는 자모음이 서로 비슷해지는 우리 가족
그래서 입가에 도는 미소도 닮아가는 우리 가족

카톡방은
우리 가족의 행복한 사랑방

들길을 걷다가

어머니, 마당말 애개기 들길을
당신과 함께 걷고 싶어요

오늘도 민들레는 저리 환히 웃고 있는데
어머니, 당신은 각바우 방죽 산모롱이에 잠들어 계시는 군요

겨울을 건너온 제비꽃도 작은 미소(微笑)로 저리 나를 반기는데
호미 소쿠리 들고 함께 밭으로 가던 자운영 향기 넘쳐흐르는 이 들길을
어머니, 이제 어이 할까요

봄볕 따사로운 건넌 샘 동산에 앉아
토끼풀 시계 만들어
내 손목에 하얗게 채워주시던 어머니

시침(時針) 없는 토끼풀 시계 되돌려 놓고
봄 동산을 날아오르는 벌 나비 따라
오늘도, 당신과 함께 그 들길을 다시 걷고 싶어요

제4부

남도 가는 길

내가 서석대 되어
-무등산에서-

오늘도 나는 서석대 되어
그대 앞에 서고 싶습니다
내일은 그대가 입석대 되어
내 앞에 서 주세요

구름을 타고 흐르던 내 마음
길게 늘인 그림자로 남아
그대 곁에 머무는 것은 싫습니다
그대도 바람에 띄워 보내는 입김일랑
이제 더는 내게 보내지 마세요

내가 서석대 되어 그대 앞에 서고
그대가 입석대 되어 내 앞에 서는 날
푸르른 하늘 아래 산새들 소리도
번지는 햇살처럼 맑고 아름다울 테니까요

수종사의 봄

오백 년을 한결같이 서 있는 은행나무여
찬바람 불어갈 때
너는 나뭇가지 끝으로
수종사의 봄을 말하여 주느냐

누천년 변함없이 흘러가는 북한강이여
물새들이 강물에 두 발 씻을 때
너는 강바람 일으켜
수종사 물소리 들려주는구나

그 물소리로
눈과 귀와 마음을 씻고
하늘을 머리에 이고 서 있는 은행나무처럼
나는 살고 싶구나

하늘을 품고 흐르는 북한강에
종소리에 젖은 내 마음 드리우고
맑은 강바람처럼 살고 싶구나

보광사에서

바람이 빚는 풍경 소리 속으로
전나무 숲을 타고 오르는
염불 소리
물빛 소리

흐르는 저 바람이 물빛 소리를 빚는가
흐르는 저 물빛이 바람 소리를 빚는가

목탁 소리 흘러드는 내 가슴은
버들치 유영하는 하늘 담은 연못

잔설(殘雪)

지상의 어둠 껴안은 눈부신 순결(純潔)이여
너의 흰 살갗에 박혀 있는
가슴 시린 기억을 나는 알겠다

꽃샘바람 한 자락에도 마음 내보이고
햇살 한 줌에도 눈길 열어주던
그 사랑을 나는 알겠다

세상 낮은 곳에서
손발 시려 떨던 마른 풀잎들을
하얗게 덮어 주던 그 마음

능선을 불어온 바람이
오랑캐꽃 꽃등에
햇살 한 줌 따사로이 얹어주는 지금

봄눈으로 녹아 흐르며
들꽃 뿌리 적셔 주는 너는 사랑이었구나
아아, 눈부시게 맑은 사랑이었구나

금병산에 내리는 가을비

밤잠 설치며 기다림에 설레던 내 마음은
동해를 불어와 춘천의 봄 냇물처럼 흐르고자 했던
유정의 마음에 불던 쓸쓸한 바람과 같은 것이었을까

봄봄길을 적시고
동백길 금 따는 콩밭길까지 적시는 가을비를
온몸으로 맞는 고즈넉한 금병산이여

유정처럼 너를 바라고 바라다
나는 그 그리움 안고 너를 찾아왔다

종다리 걸음으로 달려와 만난 너는
촉촉한 가을비 뿌리며
유정을 노래하고픈 내 발길 위에 눈물 뿌리는구나

봄비처럼 내리는 이 가을비는
유정의 메마른 가슴을 적셔 주고
유정을 향한 안쓰러운 내 마음도 달래주고 싶었던 것일 테지

유정의 뜰에 그리움처럼 내리는 가을비여
찬연한 단풍잎이 구슬픈 산 꿩 소리에 젖는다

단풍잎 춤사위를 그리며

지금 그대도
나를 떠올리고 있겠지
하는 상상만으로
나는 더없는 색을 띤 단풍나무가 되었습니다

단풍잎이 저리 고운 것은
어느 새인가부터 그대가 내 마음속에서
천연색으로 물들어 가고 있기 때문입니다

가을 숲 물빛은 어쩌면 저리도 맑기만 할까요
가을 숲 내음은 어쩌면 저리도 은은하기만 할까요

능선에 부는 바람 소리와 골짜기를 흐르는 물소리가
그대 목소리 같아서
홀로 숲길 걷는 내내
나는 그대와 대화를 나누는 것 같아 즐겁습니다

수정 같은 물 위에 떠 있는 저 단풍잎은
자유로운 내 영혼일 것입니다
햇빛에 반짝이는 황홀한 저 단풍잎은
밝고 순수한 그대의 영혼일 것입니다

이 가을, 저 단풍과 물빛을

풍경이 있는 내 마음의 정원에 들여놓고
그리운 그대를 초대합니다

선선한 바람이 불어오는 그곳에서
나는 그대와 손잡고
바람에 날리는 단풍잎처럼 춤을 출 것입니다

가을 달이 떠올라 우리 발밑을 훤히 비출 때
그대와 나만의 춤사위를
가을바람 속 단풍잎처럼 춤출 것입니다

명가네 게스트하우스

동해의 꿈을 찾아 나선 문우들을
밀물처럼 달려 나와 반겨 맞는 주인장

날렵하고 민첩한 체구는 동해 물결이 빚은 것인가
짐 풀이 룸 사용 안내가 민첩하고 싹싹하기 그만이다

해풍 같은 말투로 주인장은 바비큐를 구워내고
노지 상추에 시(詩)와 된장을 얹어 술잔을 기울이며
밤늦도록 문학과 인생을 얘기하던 우리

경포대 야경을 가슴에 담아 와
명가네 카페에서의 풀어내는 시 낭송은
달빛 따라 밀려오는 파도 소리에 묻혀 들고

문학과 낭만이 명가네 텃밭에서 흐드러진 접시꽃처럼 피어나
주인장 손끝 카메라에서
추억의 사진으로 남겨지던 그 아침

쪽빛으로 물 밀어 온 경포대 앞바다가
우리 가슴에서 하얀 포말(泡沫)로 부서지고 있었다

물안개 피어나는 밤

밤바람 타고 피어나는 물안개여
그대 때문에 이 밤
내 그리움도 피어납니다

잔잔한 밤바람에 고요히 흔들리는 불빛이여
그대 때문에 이 밤
내 마음은 한없이 설레기만 합니다

저 물안개가 걷힐 때까지
깊게 내려앉은 어둠은
그 얼마나 무거운 눈물 흘릴까나요

저 불빛이 물안개 속에 묻힐 때까지
고요히 흔들리는 불빛은
그 얼마나 젖은 발 시려서 떨까나요

그리움이 물안개처럼 피어나는 밤
그대를 생각하다가
나도 짙은 물안개 속에 묻혀갑니다

물수제비를 뜨며

탐진강 돌다리에 서서
물수제비를 뜨면
하나 둘 셋 ……
물결을 타고 건너오는 옛 추억들

고무신 물총놀이에 잠수까지
신명 나게 앞다퉈 하다가
"구름은 서울로 볕은 요기로 나고" 하며
귓물 빼기 동요를
친구들과 뜨겁게 부르던 나의 열한 살

논두렁 콩 포기 사이 풀 깎아
토끼풀 어깨에 메고
동구 밖 돌다리를
송아지처럼 폴짝폴짝 건너오는 나의 열두 살

친구들과 버들치 참붕어 쏘가리 모래무지 민물장어 잡겠다고
배고픈 줄 모르고
족대를 대고 돌멩이로 돌다리 힘껏 내려치던 나의 열세 살

꿈을 밟아오는 듯 되살아오는 추억 속으로
물수제비 하나 둘 셋 ……
멀리 가라앉아 갈 때
그 끝자리에서 나의 유년을 물고 뛰어오르는
송사리 떼 몇 마리

난초

바람 좋은 날 미풍에 흔들리며
연둣빛 붓대를 세워
내 가슴에 노란 색칠을 하는 난초여

바람이 풀어내는 햇살을
안 찍은 듯 찍어 묻혀
내 마음을 노랗게 물들이는 난초여

아침 햇살 속에 피어나
머리를 맑게 씻어주는 너는
내 마음의 뜰에 피어나는 고고함이었구나

감나무를 타고 오르는 능소화에게도
소사나무를 향해 뻗어가는 누운향나무에게도
맑은 향기를 가만히 풀어놓는 너는 사랑이었구나

몽마르뜨 언덕에 흐르는 꿈

모네여
그대는 떼르트르 광장에 앉아
별과 함께 몽마르뜨 언덕을 내려보다
쎄느강변에 수련(水蓮) 몇 송이 띄워도 좋다

르노아르여
그대는 맑은 별빛에 물감을 풀어
온몸에 번져오는 고통을
우아하고 화사한 여인으로 남겨도 좋다

피카소여
그대는 밤하늘의 별들을 노래하며
라팽아질에서 쇼팽의 녹턴을 들어도 좋고
샹송에 젖어 술잔을 기울이다가
아비뇽의 아가씨들과 밤새도록 춤을 추어도 좋다

봄꽃들이 사크레쾨르 대성당을 별과 함께 찬미하고
빨간 풍차가 프랜치 캉캉 율동에 맞춰 흥겹게 돌 때
달빛 따라 황홀한 자태를 강물 위에 띄우는 에펠탑처럼
내 마음은 쎄느강의 야경을 노래하는 파리의 아방가르드

달빛 머금은 쎄느강 강바람이
아보레보아르 공원 사랑해 벽을 불어와

내 마음에 사랑의 보표를 봄빛으로 띄울 때
먼 하늘에 빛나던 푸른 별들이
몽마르뜨 언덕 위로 무수히 쏟아져 내린다

남도 가는 길

길 찾아 떠나네
남도 길 찾아 떠나네
꿈에 그리던 그리운 남도 길 찾아 떠나네

야삼경을 뚫고 남도로 가는 고요한 봄밤
꿈을 안고 가는 내 가슴도
차창 밖 봄꽃 꽃봉오리들처럼 소리 없이 터지네

정적을 뚫고 가는 이 밤 끝에서
벌 나비 새들을 불러 모아 놓고
눈부신 아침 향연을 꿈꾸는 봄꽃들이여

남도 향기에 취해 봄노래 부를 나를 기다렸다면
나는 봄꽃 흐드러진 남도 땅에서
사람 냄새 묻어나는 남도 가락에 흠뻑 취하리

바다 냄새 물씬한 진도아리랑도 좋고
선창 선술집 젓가락 장단의 목포의 눈물도 좋고
남도창(唱) 서러운 육자배기 가락도 나는 좋다

꿈에서도 가던 길
꿈이 아니래도 가던 길
그리운 사람들과 함께 꿈에 젖어서 가는
남도 가는 길

천문(天門)을 열어주던 바람

천문에 오르는 길이 안개에 가려
안개를 뚫고 천문산을 올랐어라

귀한 나그네 외면할 수 없었던가
산사의 바람이 달려와 안개를 걷어주네

오를수록 산봉우리는 운무를 휘감아 솟고
오를수록 운무는 산봉우리를 희롱하며 노니네

산수 비경이 그 어디에 따로 있으랴
바람이 그려내는 천문 속 풍경이 산수 비경이지

지상에 신선이 그 어디에 따로 있으랴
천문에서 적강(謫降)인 양 노니는 내가 신선이지

금잔화

가을이 가는 길목에서
나는 그리움의 꽃이 되었다

햇살 속에 홀로 피어
주황빛 울음을 토하는 사랑이여

눈물 씻어주는 바람이 불어 간들
타들어 가는 애간장을 어찌하랴

돌아올 수 없는 네 자리에 선 나는
태양을 품고 우는 눈부신 설움

푸른 목향나무 한 그루가
흔들리는 나에게 가만히 어깨를 내어준다

제5부

날아라, 우울한 현실의 몽상이여

날아라, 우울한 현실의 몽상이여

비에 젖은 내 삶의 뜨락으로
바람처럼 날아든 나비여
네 날개에 남은 봄꽃 향기 찾아
나 떠나가련다

가다가 비바람을 만나면
한쪽 날개로라도 오월의 들판을 날아오르고
가다가 향기로운 꽃밭을 만나면
햇살 가득한 꽃잎 위를 훨훨훨 날아가련다

오월의 잿빛 하늘 등지고
눈 감아도 눈부시게 살아오는 신록을 찾아
너의 몸짓으로 나 떠나가련다

날고 또 날아도
날아오르지 못하는 지친 하늘일랑 남겨두고
네 날개에 남은 봄꽃 향기 찾아
너의 몸짓으로 나 떠나가련다

너의 사랑이 눈물이라면

너의 사랑이 눈물이라면
나는 네 눈물 타고 떠가는
한 조각 흰 종이배가 되리

나의 그리움이 눈물이라면
너는 내 눈물 타고 오는
한 마리 비단잉어가 되어야 하리

흰 종이배 타고
삼천대천세계를 돌아오는 날
눈물의 강에 꿈의 비단잉어 유영할지니

눈물 비친 내 눈망울 속으로
그립고 애달픈 사랑이 오롯이 살아올 때
나, 네 눈망울에 솟아나는 맑은 눈물이 되리

치마상추

한 평 남짓한 옥상 텃밭에 들어서면
바람에 얼굴 씻으며
아침햇살로 단장하는 너

오늘도 잊지 않고 어김없이 찾아왔다고
잇속까지 내보이며
맑게 웃어주는 너

텃밭 가장자리를 돌아 네 가까이 다가가면
미풍에 고운 치마 팔락이며
나비처럼 하늘을 날아오를 듯한 너

알록달록 고운 너는
오늘도 아침을 싱그럽게 열어주는
내 마음의 청량(淸涼) 여인

우츄프라카치아

고독한 너의 영혼

단 한 번 눈짓에도
연분홍빛으로 물드는 너의 얼굴

촉촉한 입김이 닿지 않으면
주검처럼 싸늘해져 가는 너의 삶

그러나 젖은 바람이 불어오면
깊은 그늘을 밟고 살아오는 너는
사랑 꽃

관심과 사랑 속에서만 피어나는
오오, 아프리카의 생명 꽃

겨울 바다

겨울 바다여
눈물 따라 피어나는 얼음꽃을 보아라

서러운 겨울 바다여
가슴속을 차오르는 애틋한 그리움을 너는 아느냐

머리에 와닿는 바람처럼 맵차게 나를 등 돌려세우고
아찔한 하늘빛 따라 떠난 내 사랑아

기억 속을 살아오는 너의 눈빛과 나의 숨결이
하얀 포말(泡沫)로 부서지는 지금

썰물처럼 달아난 허망한 내 꿈이여
밀물처럼 밀려오는 서러운 내 사랑이여

아아, 갈매기 한 마리 날아오르지 않는
막막한 겨울 바다여

냇가에 앉아

냇가에 앉아
흐르는 물을 가만히 내려다본다

물에 헹구어진 시간이
바람을 타고 흐르는 해 질 무렵

시간은 물을 따라 하염없이 흐르건만
물 따라 흘러가지 못하는 내 마음이여

오늘도 내 마음은
바위를 끼고 맴도는 나뭇잎

간간이 버들치 몇몇이 찾아와
바위만 끼고 맴도는 나뭇잎을 입으로 톡톡 치지만

아아, 물살 따라 흘러가지 못하는
나의 상념들이여

그래도
물은 흐른다

그리움으로 피어나는 새벽

어슴푸레한 빛이 피어나면서
새벽 별이 하나 둘 사라지면
밤새 너를 그리워하던 나는
지그시 눈을 감아야 한다

눈가에 흐르는 눈물일랑 흐르는 채 두고
한숨 속에 피어나는 슬픔을 가누며
오늘도 하루를 견뎌내기 위해
아침 속으로 나는 걸어가야만 한다

눈물 속에 피어나는 것은
아직 다 익지 못한 우리의 사랑이리
애끊는 아픔으로 차오르는 것은
못다 한 사랑이 품어내는 회한이리

산새들이 날아와 울어대는 이 아침을
오늘 나는 또 어디로 떠나보내야 하느냐

공감의 침묵

아픔에서 온 침묵은
공감이다

침묵은 할 말을 찾지 못한 게 아니라
찾은 말을 쉬 건넬 수 없음이다

누군가가 먼저 입을 열면
참아온 시간이 한꺼번에 일어나
큰 울음으로 터질 것 같은 순간

풀벌레들도 두려운지
함부로 밤공기를 흔들지 못한다

발길

마른 하얀 꽃 흔들며
떠나가는 저녁 바람아

멍한 시선 어디에 둘 줄 모르는 내게
한 자락 바람이 되어 산마루 넘어가 보라고
너는 추녀 끝 풍경 울리며
내 옷깃 가만히 흔드느냐

마음이야
남은 햇살 따라가면 어딘들 못 가랴마는
갈 길 잃은 이내 발길 어이 하랴

그 어디로도 떠나지 못하고
마른 들꽃 자리에 머무는
막막한 이내 눈빛을 어이 하랴

어스름 깔리는 발길 위로
산그림자 길게 눕고
바람만 풍경을 울리며 지나간다

동백

긴 밤
나는 너를 그리다
홀로 붉게 우는 설움

그리움이 흰 눈처럼 쌓이는 밤
가슴에 빨간 등불을 켜고
나는 너를 기다린다

너를 향한 그리움이
흰 눈 위로 붉게 떨어지는 날
나는 번지(番地)도 모르는 편지를
너에게 부칠 것이다

지나가던 바람도
내 가슴에 얼굴을 묻고
붉은 눈물 흘리는 밤

나는
한 떨기 서러운 동백

떠난 길 되밟아 오면

1.
나는
가늠하고도 남지

오는 발길이야 더없이 가볍겠지만
가는 발길은 얼마나 무거울 지를

가는 너의 발길을 돌려놓고 싶어도
바라보기만 해야 하는 내 눈은
오늘도 허공을 떠도는 젖은 바람

너의 발등에 내려앉는 어스름이 쓸쓸했다면
그것은 가는 너를 잡을 수 없는
서글픈 내 마음일 거라고 여겨줘

2.
가는 너의 뒷모습을
바라봐야만 하는 나는
속으로 울지

우리 사랑이 아름다워
서러운 눈물 삼키며
나는 가슴으로 울지

마음이 가는 대로 한다면야
나는 너를
무작정 돌려세웠겠지

하지만 봄꽃들이 내 귀에 대고
지는 석양을 바라만 보는 북한산처럼
너도 그렇게 북한산을 닮아야 할 거라고
가만히 일러주더군

아아, 그러나
봄꽃들의 말을
바람 속으로 그냥 흘려보내고 싶은 내 마음이여

3.
너의 발길이
길모퉁이에 접어들면
젖은 바람이 내 마음을 마구 훑지

가는 너를 붙잡지 못하고
웃음으로 안녕하며
웅얼웅얼 눈물 삼키는 사랑이여

힘없이 흔드는 내 손 잡아주러
가던 길 되밟아 오면
내 얼굴에 웃음꽃 피어나려나

뒤 돌아보아주지 않고
저대로 모퉁이를 꺾어 돌면
우두커니 남을 나는 어쩌나

너의 발길을 돌려놓을 수 없다면
이 마음 데리고
차라리 너의 발길 따라갈거나

밤새도록 뒤척이다가
꿈결로라도 너의 발길 따라가면
너는 가던 길 되밟아 내게 오려나

숨바꼭질

꽃 속에 숨었나
들풀 속에 숨었나
머리카락 하나 보이지 않네
고놈, 참 꼭꼭 잘도 숨었네

나비도 벌들도
꽃잎 위에 앉아 미동도 않으니
어디에 숨었는지 좀처럼 기미를 못 차리겠네

바람 불어대면
펄럭이는 옷깃이라도 보이려나
잠에 빠져들면
꿈결 타고 날 찾아오려나

목을 길게 빼고
사방을 둘러봐도
고놈, 참 그림자도 안 보이네

나비의 꽃밭

어서 날아오너라
너울너울 춤추며 어서 너는 날아오너라

너를 위해 예쁜 꽃밭 만들어 놓았는데
지금 너는 어느 하늘을 날고 있느냐

어서 날아오너라
하늘하늘 춤추며 어서 너는 날아오너라

금잔화 나팔꽃 홍자단 저리 곱게들 피어
봄바람에 신명 나게 춤을 추는데
지금 너는 어느 하늘을 날고 있느냐

별빛 타고 내린 이슬이
꽃잎들을 씻어
꽃길 저리 곱게 만들어 놓았는데

어서 날아오너라
햇살 타고 너울너울 어서 너는 날아오너라

커피 향을 타고

커피 향을 타고 새소리 들려올 때
나는 그대를 향한 노래를 부릅니다

에티오피아 숲을 날아오르는 왜콩풍뎅이 날개짓 따라
나는 그대를 향한 금빛 노래를 부릅니다

신비한 그대 눈에 비치는 나는
맑은 햇살을 머금은 커피콩을 추억합니다

산토스 해안에 해조 가락 물밀어 오면
나를 향해 쌈바춤을 추던 그대

해풍을 타고 천상으로 오르는 그대의 숨결은
내 마음을 가이없는 바다로 띄웠습니다

그대를 향해 부르던 나의 노래는
케냐의 신비를 풀어내는 부드러운 오색 향(香)

풀 수 없는 암호 같은 황홀한 그 순간은
그대 춤에 취해 부르던 내 마음의 변주곡

바람을 타고 온 파도가 흰 포말(泡沫)로 부서질 때
그대와 나는 푸른 바다를 유영해 가는 꿈의 돌고래

오늘도 나는 커피 향에 젖어
햇살 좋은 창가에서 그대를 향한 노래를 부릅니다

평 설

우 성 봉 (시인)

<평설>

그리움이 선율을 타고 흐르는 언어의 미학(美學)
-조금래 시집 『몽마르뜨 언덕에 흐르는 꿈』을 읽고-

우성봉(시인)

Ⅰ. 그리움의 본향 의식을 서정적 문체로 담아내는 미의식

그리움은 인간의 아름다운 감정 중 하나다. 그리움이라는 어휘에서는 아련하면서도 따스한 느낌의 좋은 감정이 묻어난다. 물론 그 누군가와 함께하고 싶어도 그럴 수 없어 그 대상을 그리워하며 살아가는 일은 매우 슬프고도 괴로운 것이다. 특히, 한때 자신을 알아주고 사랑했던 사람이 곁에 없는 데서 오는 외로움은 큰 괴로움을 안겨준다. 그래서 사람들은 그 괴로움에서 벗어나기 위해 그리움의 대상을 한없이 그리워하며 살아간다. 이때 품은 그리움은 과거를 돌아보게 하면서 아름답고 소중한 추억을 떠올리게 하여 그 속에서 자신이 놓인 부정적 상황을 딛고 긍정적 세계로 나가게 해준다. 어떤 괴로운 상황에 놓이게 되더라도 그것을 견디고 극복하게 하는 힘이 그리움에는 내재되어 있다. 그래서 가슴이 터질 것 같은 괴로운 상황에 놓이게 되더라도 마음에 품고 있는 그리움이 한없이 커져 그 그리움으로 힘든 현실을 견디며 살아가게 되고 더 나아가서는 다가올 새로운 미래를 꿈꾸기도 하게 된다. 괴테의 시 <그리움을 아는 사람만이>를 통해 그리움의 특성을 살펴보자.

그리움을 아는 사람만이
나의 이 괴로움을 알리라
혼자, 그리고 모든 즐거움과
담쌓은 곳에 앉아
저 멀리 창공을
바라본다

아! 날 사랑하고
알아주는 사람은
먼 곳에 있다
이내 눈은 어지럽고
이내 가슴은 타누나
그리움을 아는 사람만이
나의 이 괴로움을 알리라

-괴테, <그리움을 아는 사람만이>

  인용 시에서 화자는 몹시 괴롭다. 자신을 사랑하고 알아주는 사람이 먼 곳에 있어 안타까운 마음이다. 화자의 심정이 얼마나 괴로운지 독자들은 "담쌓은 곳에 앉아/저멀리 창공을/바라본다"와 "이내 눈은 어지럽고/이내 가슴은 타누나"를 통해 짐작할 수 있다. 그러나 한편으로 그리움이 안겨주는 이러한 괴로움에는 또 다른 새로운 힘이 내재 되어 있다는 점을 간과해서는 안 된다. 괴로움에 몸부림치는 그리움에는 요동치는 살아있음이 있고, 결코 놓을 수 없는 희망이 내재 되어 있다.
  물론 누군가를 애타게 그리워하는 사람을 보면 안타까운 마음을 떨칠 수 없다. 그러나 이러한 그리움은 우리 삶에서 생산적이고 발전적인 인성의 원동력으로 나가기도 한다.

조금래 시인은 그리움의 근원적인 본향 의식을 내면화하여 그것을 선율이 흐르는 서정인 문체로 담아낸다. 그리고 그는 자연과 현실을 목가적으로 노래하면서 각각의 오브제를 사회 현실과 연결하고 있다. 그는 현실을 외면하지 않으면서 그리움의 대상을 열정적으로 노래하기를 주저하지 않는다. 그리고 그 대상들과 함께 어우러져 살아가고자 하는 모습을 그의 잠재된 내면 의식을 통해 자연스럽게 보여준다. 그의 작품에 나타나는 자연에 대한 찬미, 유년 시절에 대한 그리움, 유토피아에 대한 동경은 비단 그것에만 그치지 않는다. 그것은 현실에 대한 새로운 인식과 그것을 통해 보다 더 새로운 세계로 나가고자 하는 모습으로 표출된다. 다시 말하면 조금래는 기본적으로 낭만주의적 성격을 견지하면서 현실정치나 신자본주의에 대한 비판적 시각을 갖고 그 속에서 새로운 유토피아를 찾아 나선다. 그래서 조금래가 노래하는 그리움을 따라가면 마치 선율을 타고 그 어디론가 향하는 느낌이다. 그와 이야기를 나눌 때면 필자는 그의 말에서 이따금 가락 같은 것을 느끼곤 하는데, 이번 시집을 보면서 그러한 그의 말의 품새가 작품 속에 잘 녹아들어 있다는 것을 다시금 느꼈다.

그렇다면 '그리움을 노래하는 시인' 조금래는 그 그리움의 대상을 어떻게 떠올리고 그것이 어떤 행위를 통해 간절한 그리움으로 표출되고 있는가를 그의 시집 <몽마르뜨 언덕에 흐르는 꿈>을 통해 살펴보도록 하자.

Ⅱ. 꿈을 타고 흐르는 근원적 그리움

어느 소식을 기다리기에
오늘도 그대는 키 닿지 않는 빨간 우체통 옆에 서서
내리는 비를 맞으며 그리 서 있는가

숨결 따라 흘러든 빗물을 가슴에 머금고
애기장미 꽃잎을 적시는 투명한 시간을 바라보며
오늘도 그대는 손 닿지 않는 시간 속에 서서
내리는 비를 맞으며 그리 하염없이 서 있는가

젊은 날의 시간 끝에 매달려 있던 고매한 그 기억들은
소나기 뒤로 번져올 맑은 햇살 받으면
빨간 우체통 속에서 꺼내어 그리운 사연처럼 읽을 수 있을까

백일홍 줄기를 타고 오르는 담쟁이도 백일홍 향기에 취해
내리는 빗속에서 저리 하늘거리는데
빨간 우체통은 백작약 하얀 가슴에
그 언제나 붉은 사연 오롯이 담아 전해주려나

-〈빨간 우체통 옆에 핀 백작약〉 전문

 우리 삶에서 그리움과 기다림은 떼려야 뗄 수 없는 불가분의 등식과 같은 것이다. 한 생을 살아가면서 누군가를 그리워할 수 있다는 것은 행복한 일이다. 그 대상이 가족이든 친구이든 연인이든 간에 그리움을 안고 살아간다는 것은 참으로 행복한 일이다. 그러나 그리워한다고 해서 그 대상을 쉽게 만날 수 있는 게 아닌 것이 또 우리네 인생이 아닌가.

인용 시에서 조금래는 화자의 처지와 심정을 백작약에 비유해 운율감 있게 표현하고 있다. 그리고 그리움의 오브제를 빨간 우체통을 통해 적백(赤白)의 선명한 색채대비로 뚜렷이 형상화하고 있다. 화자가 백작약처럼 우아하고 고결한 순백의 마음으로 간절히 기다리는 사람은 누구일까. 손 닿지 않는 시간속에 서서 내리는 비를 맞으며 누군가를 기다리는 화자의 처지도, 비를 맞으며 빨간 우체통 옆에 서서 누군가를 그리워하는 화자의 마음도 그저 안타깝기만 하다. 하루빨리 붉은 사연이 담긴 편지가 화자에게 도착했으면 하는 마음만 간절하다.

    냇가에 앉아
    흐르는 물을 가만히 내려다본다

    물에 헹구어진 시간이
    바람을 타고 흐르는 해 질 무렵

    시간은 물을 따라 하염없이 흐르건만
    물 따라 흘러가지 못하는 내 마음이여

    오늘도 내 마음은
    바위를 끼고 맴도는 나뭇잎

    간간이 버들치 몇몇이 찾아와
    바위만 끼고 맴도는 나뭇잎을 입으로 톡톡 치지만

    아아, 물살 따라 흘러가지 못하는
    나의 상념들이여

그래도
물은 흐른다

-<냇가에 앉아> 전문

그리움에 지치면 사람들은 어떤 모습을 띠게 될까. 아마도 옛 추억을 회상하거나 만남을 갈구하며 그리움의 대상을 찾아 나설 것이다. 그러나 이도 저도 아니면 하릴없이 멍하니 시간을 보내게 될 것이다. 인용 시의 시적 상황을 보자. "물에 헹구어진 시간이/바람을 타고 흐르는 해 질 무렵//시간은 물을 따라 하염없이 흐르건만/물 따라 흘러가지 못하는 내 마음이여"에서 볼 수 있듯이 이 시의 화자는 어디론가 가고 싶지만 좀처럼 마음을 내지 못하고 그냥 냇가에 앉아 멍때리고 있다. 게다가 "간간이 버들치 몇몇이 찾아와/바위만 끼고 맴도는 나뭇잎을 입으로 톡톡 치지만//아아, 물살따라 흘러가지 못하는/나의 상념들이여"에 나타나듯이 누군가가 화자를 지금의 상황에서 벗어나게 해서 다른 세계로 눈을 돌리게 하려고 애써보지만 허사다. 물을 따라 흘러가지 못하고 바위만 끼고 맴도는 나뭇잎과 같은 화자의 상황이 안쓰럽다. 그러나 다음 시 <자라섬에 내리는 밤비>를 보면 시인은 마냥 제 자리에 머물며 주저앉아 있지 않는다.

비를 타고 자라섬을 찾아온 내 마음은
나뭇잎 끝에 매달린 빗방울

바람이 불어올 때마다 후두둑 떨어지는 비처럼

강물 따라 흐르고 싶은 내 마음이여

바다를 꿈꾸다 강에 머물지라도
용궁을 꿈꾸다 뭍에 남을지라도
강물이 세차게 흐를수록
비 내리는 자정을 건너고자
쉼 없이 물갈퀴를 젖는 자라섬이여

무수한 기억을 뒤로 한 채
밤비를 뚫고 가는 경춘선 기차 소리 들으며
나도 발가락 끝에 힘을 모아
비 내리는 자정의 밤하늘을 건너간다

비가 비를 타고
시간의 계단을 오르는 자정의 밤하늘에
자라 한 마리 헤엄쳐 간다

-<자라섬에 내리는 밤비> 전문

　인용 시에서 화자는 앞이 잘 보이지 않는 상황임에도 불구하고 자신이 꿈꾸는 세계를 향해 끊임없이 나아가고자 한다. 비가 비를 타고 시간의 계단을 오르는 자정, 화자는 한 마리 자라가 되어 밤하늘을 오르고자 한다. "바다를 꿈꾸다 강에 머물지라도/용궁을 꿈꾸다가 뭍에 남을지라도/강물이 세차게 흐를수록/비 내리는 자정을 건너가고자/쉼 없이 물갈퀴를 젖는 자라섬이여//무수한 기억을 뒤로 한 채/밤비를 뚫고 가는 경춘선 기차 소리 들으며/나도 발가락 끝에 힘을 모아/비 내리는 자정의 밤하늘을 건너간다"에 드러나 있듯이 화자는 자신이 자라섬이 되어 자정의 밤하늘을 건너가고 자 쉼 없이 물갈퀴를 젓는다.

    밤잠 설치며 기다림에 설레던 내 마음은
    동해를 불어와 춘천의 봄 냇물처럼 흐르고자 했던
    유정의 마음에 불던 쓸쓸한 바람과 같은 것이었을까

    봄봄길을 적시고
    동백길 금 따는 콩밭길까지 적시는 가을비를
    온몸으로 맞는 고즈넉한 금병산이여

    (중략)

    봄비처럼 내리는 이 가을비는
    유정의 메마른 가슴을 적셔 주고
    유정을 향한 안쓰러운 내 마음도 달래주고 싶었던 것일 테지

    유정의 뜰에 그리움처럼 내리는 가을비여
    찬연한 단풍잎이 구슬픈 산 꿩 소리에 젖는다

                        -<금병산에 내리는 가을비> 부분

  조금래가 마음에 품고 사는 그리움은 매우 다양한 모습으로 나타난다. <금병산에 내리는 가을비>에는 소설가 김유정에 대한 애잔한 그리움이 배어 있다. 동해를 불어와 춘천의 봄 냇물처럼 흐르고자 했던 유정의 마음에 불던 바람은 어떤 느낌의

것이었을까. '춘천의 봄' 하면 왠지 어휘에서부터 따스함이 느껴지지만 그러한 춘천에서 태어난 김유정의 삶은 지난하기가 그지없었다. 부모를 일찍 여의고 어린 나이에 고향을 떠난 것에서부터 시작해서 연희 전문학교 제적 처분, 명창 박녹주에게 구애했지만 이룰 수 없었던 사랑, 왕성하게 작품활동을 해야 할 상황에서 병마와 싸워야 했던 그의 처지, 이러한 모든 김유정의 상황이 조금래는 한없이 가슴 아프다. 특히 김유정의 생각에 잠겨 금병산 자락 봄봄길, 동백길, 금 따는 콩밭길을 걷는 그는 <봄봄>, <동백꽃>, <금 따는 콩밭>에 나타난 김유정 특유의 탁월한 언어적 감각을 떠올리며 유정의 삶을 안타까워하면서 그리움을 달랬을 것이다. 이처럼 <금병산에 내리는 가을비>에는 소설가 김유정에 대한 애잔한 그리움이 배어 있다.

  광화문 현대해상 로비에 가면
  효심 가득한 그 마음이
  전설처럼 흐르는 꽃향기가 있다

  선친을 기리는 마음
  삼백예순 날 꽃 항아리에 오롯이 담아
  시공을 맑은 꽃향기로 물들이는 거룩한 사랑이여

  동상(銅像)에 꽃향기 스며들 때면
  그윽한 그 마음 아시는지
  겨레의 가파른 운명을 평탄히 닦으시던 아산(峨山) 당신께서도
  가만히 창밖 하늘에 눈길을 두며 흐뭇해하시는 모습

꽃을 사랑하는 마음으로 당신을 기리는 아들 몽윤의
마음은
꽃향기 가득한 세상을 꿈꾸던 아산(峨山) 당신의 마음
아아, 공중의 공기들조차도 그 외경(畏敬)을 아는가
로비를 오가는 사람들의 표정도 꽃처럼 맑고 향기롭다

광화문 현대해상 로비에 가면
숭고한 그 효심이
신화처럼 흐르는 꽃향기가 있다

-<꽃향기로 흐르는 마음> 전문-

<꽃향기로 흐르는 마음>에는 선친을 그리워하는 아들의 마음이 헌화(獻花)를 통해 잘 나타나고 있다. 일 년 삼백예순 날, 빠짐없이 꽃 항아리에 꽃을 담아 아버지를 추모하는 그 정성에는 짙은 그리움이 배어 있다. 겨레의 가파른 운명을 평탄히 닦는 일에 평생을 바치신 아버지, 그런 당신을 위해 동상을 세워 그 뜻을 기리는 아들의 마음이 독자에게 감동과 외경을 더해주고 있다. 그리고 4연의 "꽃을 사랑하는 마음으로 당신을 기리는 아들 몽윤의 마음은/꽃향기 가득한 세상을 꿈꾸던 아산(峨山) 당신의 마음"은 3연의 "가만히 창밖 하늘에 눈길을 두며 흐뭇해하시는 모습"을 불러와 독자에게 효(孝)의 참된 의미를 환기해 주고 있다. 특히, "아아, 공중의 공기들조차도 그 외경(畏敬)을 아는가"에서는 우리를 숙연하게 하고 "로비를 오가는 사람들의 표정도 꽃처럼 맑고 향기롭다"에서는 우리 마음을 기쁘게 해주고 있다.

<금병산에 내리는 가을비>와 <꽃향기로 흐르는 마음>을 통해

볼 수 있듯이 조금래는 그리움의 오브제를 자기 가족이나 연인, 친구에게 국한하지 않고 소설가와 기업인에게까지 확장해 시적으로 승화시키고 있다.

  이러한 조금래의 마음은 <몽마르뜨 언덕에 흐르는 꿈>에서도 잘 나타나 있다.

    모네여
    그대는 떼르트르 광장에 앉아
    별과 함께 몽마르뜨 언덕을 내려보다
    쎄느강변에 수련(水蓮) 몇 송이 띄워도 좋다

    르노아르여
    그대는 맑은 별빛에 물감을 풀어
    온몸에 번져오는 고통을
    우아하고 화사한 여인으로 남겨도 좋다

    피카소여
    그대는 밤하늘의 별들을 노래하며
    라팽아질에서 쇼팽의 녹턴을 들어도 좋고
    샹송에 젖어 술잔 기울이다
    아비뇽의 아가씨들과 밤새도록 춤을 추어도 좋다

    봄꽃들이 사크레쾨르 대성당을 찬미하고
    빨간 풍차가 프랜치 캉캉 율동에 맞춰 흥겹게 돌고
    달빛 타고 온갖 색을 강물 위에 띄우는 에펠탑처럼
    내 마음은 쎄느강의 야경을 노래하는 파리의 아방가르드

　　　　달빛에 젖은 쎄느강 강바람이
　　　　아보레보아르 공원 사랑해 벽을 불어와
　　　　내 마음에 사랑의 보표를 끝없이 남길 때
　　　　몽마르뜨 언덕으로 무수한 별빛이 쏟아져 내린다

　　　　　　　　　　　　-<몽마르뜨 언덕에 흐르는 꿈> 전문

　조금래는 몽마르뜨 언덕을 산책하면서 예술에 심취해 그곳에 머물며 열정적으로 창작활동을 했던 예술가들의 생애를 떠올리며 그들을 그리워하고 있다. 그중에서 생동감 넘치는 인상주의 화가 모네, 고통은 지나가지만 아름다움은 남는다고 했던 르누아르, 현대 미술의 거장 피카소, 새롭고 신비한 감정이 풍부하게 담긴 녹턴의 쇼팽 등을 떠올리며 그들이 꾸었던 꿈을 몽마르뜨 언덕에서 상상한다. 그때 달빛에 젖은 강바람은 조금래 마음에 사랑의 보표를 남긴다. 그때 조금래는 무수한 별빛이 몽마르뜨 언덕 위로 쏟아져 내리는 것을 신비롭게 경험하면서 예술의 세계를 향한 상상의 날개를 편다. 그래서 조금래는 사크레쾨르 대성당을 끼고 돌면서 기꺼이 쎄느강의 야경을 노래하는 파리의 아방가르드가 된다. 여기에서 조금래가 무엇을 꿈꾸었을지 짐작해보자. 아마도 그는 자신이 지닌 흥과 기질을 열정과 사랑이 넘치는 낭만적 색채의 시로 풀어내고자 했을 것이다. 그런 낭만주의적 색채가 드러나는 <단풍잎 춤사위를 그리며>를 살펴보자.

　　　　수정 같은 물 위에 떠 있는 저 단풍잎은
　　　　자유로운 내 영혼일 것입니다
　　　　햇빛에 반짝이는 황홀한 저 단풍잎은

밝고 순수한 그대의 영혼일 것입니다

(중략)

가을 달이 떠올라 우리 발밑을 훤히 비출 때
그대와 나만의 춤사위를
가을바람 속 단풍잎처럼 춤출 것입니다

-<단풍잎 춤사위를 그리며> 부분

그리움을 화폭에 담는다면 어떤 색(色)을 띨까. 그리워하는 대상이 다르듯이 저마다 표현 방식 또한 각양각색일 것이다. "수정 같은 물 위에 떠 있는 저 단풍잎은/자유로운 내 영혼일 것입니다/햇빛에 반짝이는 황홀한 저 단풍잎은/밝고 순수한 그대의 영혼일 것입니다"를 보면 화자는 자유로운 영혼으로 밝고 순수한 그리움의 대상을 만나고자 한다. 그래서 가을 달이 떠올라 발밑을 훤히 비출 때, 가을바람을 맞으며 단풍잎처럼 가볍고 아름다운 춤을 추고자 꿈꾼다. 햇빛에 반짝이는 단풍잎 춤사위는 상상만으로도 얼마나 아름답고 또 황홀한가.

Ⅲ. 다양한 오브제를 통해 현실을 인식하고 극복하려는 태도

조금래 시에서 현실에 대한 인식은 다양한 오브제를 통해 우리 앞에 나타난다. 먼저 조금래는 자신이 처한 현실을 어떻게 받아들이고 또 어떻게 그것을 극복해 나가는가를 <일개미들의 행렬>을 통해 살펴보자.

새벽 불빛 따라
우리는 일터로 가지

겨우살이 먹이를 찾아
작은 불빛만 보여도
우리는 그 일터로 달려가지

여명을 타고
전사처럼 일터로 갈 때
차라리
한밤의 불나방이었으면 했어

불나방처럼 전등을 향해 뛰어들면
밝고 큰 불빛은
반복되는 우리들의 일상 위로 부서져 날리려나

섬뜩한 섬광처럼
혹은 희뿌연 먼지처럼

-<일개미들의 행렬> 전문

 새벽이 되면 일터로 향해야 하는 노동자의 하루하루는 고단할 수밖에 없다. 그러나 생존과 가정의 행복을 위해 아무리 고단해도 불빛이 있는 일터로 가야만 하는 것이 노동자들의 삶이다. 3~4연의 "여명을 타고/전사처럼 일터로 갈 때/차라리/한밤의 불나방이었으면 했어//불나방처럼 전등을 향해 뛰어들면/밝고 큰 불빛은/반복되는 우리들의 일상 위로 부서져 날리려나"에서는 가슴이 뭉클하다. 매일 반복되는 일상이지만, 매 순간을 전사처럼 치열하게 살아내야 하는 노동자의 삶이 외경(畏敬)을 더해준다.

    날 선 광채를 더는 발하지 못하고
    헛간 벽에 매달린 채
    녹슬어가는 서러운 눈빛이여

    습한 바람이 불어갈 때마다
    헛간 공기(空氣)를 흔드는 너의 밭은기침은
    전사(戰士)가 되어 들녘을 누비던 일상이
    아픔으로 묻어나오는 검붉은 한숨이더냐

    (중략)

    청솔가지 벼포기 쓱싹쓱싹 잘도 잘라내던 너
    이제, 먼지 뒤집어쓴 거미줄 하나 걷어낼 수 있을까

                                    -<낫> 부분

  조금래는 덕유산 자락 장수 산골에서 태어나 자랐다. 농촌에서 살아가던 그에게 '낫'은 각별한 농기구 중 하나였을 것이다. 날을 세워 풀과 곡식과 나무를 베고 했던 낫, 그것이 지금은 헛간 벽에 매달린 채 녹슬어가고 있다. 그러한 낫을 보면서 조금래는 옛날을 그리워한다. 어릴 적 그에게 낫은 청솔가지 벼포기도 쓱싹쓱싹 잘 잘라내던 그야말로 소중하고도 대단한 것이었다.

그러나 현실은 그렇지 않다. 그래서 시인은 "청솔가지 벼포기 쓱싹쓱싹 잘도 잘라내던 너/이제, 먼지 뒤집어쓴 거미줄 하나 걷어낼 수 있을까"하면서 영화롭던 낫의 시절을 추억한다. 서울에서 태어나고 자란 필자로서는 조금래 마음을 다 헤아릴 수 없지만, 시시각각으로 변해가는 오늘날의 시대적 흐름 속에서 그의 심정에 공감하며 격세지감을 느낀다.

    시간이
    시간 위를 걷는 시간

    (중략)

    신비한 시간이여
    아름다운 청춘을 데리고
    저물녘 경의선 기차를 타면
    우리들의 시간은 그 어디로 향할까

    도라산 끼고 돌아 신의주에 닿으면
    만주 벌판을 지나 실크로드까지 내달려
    아라비안나이트 같은 전설을 들을 수 있을까

                          -<경의선 철길에서> 부분

  조금래 시에 나타나는 현실 인식의 또 다른 하나는 통일에 대한 의지와 대륙을 향해 뻗어나가고자 하는 진취성에서 찾아볼 수 있다. 지구촌 시대에 한민족의 기상을 온 세상에 떨쳐야 함에도 분단의 아픔으로 남아 있는 경의선 철길, 그 위에서 조금래는 신의주와 만주벌판을 지나 실크로드까지 내달리고 싶어 한다. "신비한 시간이여/아름다운 청춘을 데리고/저물녘 경의선 기차를 타면/우리들의 시간은 그 어디로 향할까//도라산 끼고 돌아 신의주에 닿으면/만주 벌판을 지나 실크로드까지 내달려/아라비안나이트 같은 전설을 들을 수 있을까"하는 그의 소망이 이루어지기를 필자도 간절히 기도해 본다. 그러나 조금래의 이러한 소망은 현실적 장벽 앞에 그 실현 여부가 매우 불투명하다. 다음 <동창리 하늘>을 보면 그것을 짐작할 수 있다.

    수정알처럼 맑은
    대한민국 평택 동창리 하늘

    그 하늘을 훨훨 나는 고추잠자리들 군무(群舞) 위로
    흙먼지 일으키며 하늘을 휘젓는
    고추잠자리 같은 USA 헬기

    유유히 하늘을 날던 고추잠자리들이
    USA 헬기 바람 소용돌이 속으로
    묻혀들고
    추락하고

    (중략)

    USA 헬기 한 대 없어
    낮달도 한가로이 졸고 있을
    그 파란 하늘을 꿈 꾸며
    너는 어서 훨훨훨 날아오르거라

-<동창리 하늘> 부분

　수정알처럼 맑은 대한민국 평택 동창리 하늘을 고추잠자리가 평화롭게 날고 있다. 그러나 USA 헬기가 그 하늘로 날아오르는 순간 고추잠자리의 평화는 끝난다. 2~3연에서 조금래는 대한민국이 평화로운 상태를 유지하는 게 현실적으로 얼마나 어려운가를 역설적으로 말하고 있다. 우방 동맹국으로서 대한민국에 주둔하고 있는 미군이 우리의 평화 유지에 큰 도움이 되고 있지만, 한편으로는 아이러니하게도 주한 미군에 의해 대한민국의 평화가 위태로울 수도 있다는 점을 상기시키고 있다. 이것은 대한민국의 진정한 평화는 오직 자주국방에 의할 때만이 실현될 수 있다는 조금래의 생각을 잘 보여주고 있다. 이렇게 볼 때, 다음 시 <봄꽃>은 그가 원하는 세상이 어떤 것인가를 잘 보여주고 있다.

　　　꽃봉오리 터뜨리는
　　　봄날의 저 함성

　　　맨몸으로 바람 맞는
　　　극한의 저 극치

　　　벌 나비 찾아드는 봄을 노래하다
　　　환하게 터지는 저 혁명의 빛

　　　봄볕에 흐르는 향기가
　　　코끝에 아찔하다

-<봄꽃> 전문

  조금래는 꽃봉오리가 터지는 것을 보며 시민들의 함성을 떠올린다. 이것은 이 땅에 민주주의가 자리 잡기까지 얼마나 많은 고통과 희생이 따랐었는가를 반추하게 한다. 벌 나비 찾아드는 봄은 저절로 우리 앞에 찾아오는 것이 아니라는 점을 환기해 주고 있다. 그것은 "맨몸으로 바람 맞는/극한의 저 극치"가 있었기에 꽃피는 평화로운 봄날을 우리가 누리고 있음을 말해주고 있다. 그러나 고통과 희생을 통해 우리가 얻은 이러한 자유와 민주주의가 또 얼마나 쉽게 무너질 수 있는가를 <해시(亥時), 계엄령 선포>가 여실히 보여준다.

    푸른 하늘 가슴에 품고
    새소리 꽃향기 얹어가며
    한 층 두 층 쌓던 소망들

    쌓는 건 한참이지만
    무너뜨리는 건 참으로 일순간이겠더군요

    (중략)

    계엄령 선포의 공포 속에서도 나는 보았지요
    계엄령 선포의 두려움 속에서도 나는 보았지요

    구름처럼 국회로 모여드는 시민들의 발길 속에 살아있음을

슬리퍼를 신은 채 닫히는 국회 문을 열려고 뛰쳐나간 설동찬 보좌관의 발길 속에 살아있음을
가족들과 평안히 TV를 보다가 국회로 무작정 뛰어간 최화식 예비역 준장의 발길 속에 살아있음을
지금 국회로 와달라고 차 안에서 부탁하는 야당 대표의 절박한 목소리에 살아있음을
바람처럼 국회 담장을 넘는 국회의장의 몸짓 속에 살아있음을
부끄럽지도 않냐고 외치며 계엄군 총구를 잡던 안귀령 대변인의 손목에 살아있음을
청년 계엄군 앞에서 군대 간 내 아들이 시민들에게 가해자가 되게 하지 말라는 어머니의 분노와 절규 속에 살아있음을
고민하고 번민하는 총칼 찬 계엄군의 소극적인 행동 속에 거짓말처럼 살아있음을
죽은 자가 산자를 돕고 과거가 현재를 도울 수 있다는 한강 작가의 정신 속에 진리처럼 살아있음을
그래서 민주주의 탑은 쉽게 허물어지지 않을 거라고

나는 믿었죠

일순간에 모든 것을 제 마음대로 무너뜨릴 수 있을 것 같지만
절대
절대로
쉽게 허물어지지 않는 탑이 민주주의라는 것을

-<해시(亥時), 계엄령 선포> 부분

<해시(亥時), 계엄령 선포>에서는 <봄꽃>의 2연처럼 "맨몸으로 바람 맞는/극한의 저 극치"와 같은 행동이 얼마나 소중하고 가치 있는 것인가를 잘 보여준다. 대한민국 헌법 제2장 제10조에는 "인간으로서의 존엄과 가치, 행복추구권", 즉 "모든 국민은 인간으로서의 존엄과 가치를 가지며, 행복을 추구할 권리를 가진다. 국가는 개인이 가지는 불가침의 기본적인 인권을 확인하고 이를 보장할 의무를 진다"라고 명시되어 있다. 그런데 군부 쿠데타나 독재정권 하에 이러한 헌법 조항이 휴지 조각처럼 되어버리는 것을 우리는 역사 속에서 경험하지 않았던가. 조금래는 우리가 누리는 평범한 일상이 어떤 외적 상황과 맞닥뜨릴 때 얼마나 쉽게 무너질 수 있는가를, 민주주의라는 것이 한편으로는 얼마나 취약한 것인가를 말하고 있다. 그러나 고등학교 때 5.18의 광주를 경험한 조금래는 헌법 제1조 1항 "대한민국은 민주공화국이다"를 상기하면서 그 어떤 경우에도 절대 계엄이 있어서는 안 된다는 점을 역설하고 있다. 계엄이 선포된 상황에서도 목숨을 걸고 사선을 넘는 시민들과 각계각층 사람들의 몸짓에서 조금래는 민주주의를 지켜내려는 사람들의 숭고한 자유의지를 보게 된다. 그래서 조금래는 <새벽으로 가는 길>에서 자유와 민주주의를 지켜내야 할 당위성을 강한 의지를 통해 표명하고 있다.

    울지 마라
    신음하지 마라
    통곡하지 마라

자유와 민주주의, 너를 위해
피 흘리며 건너야 할 이 밤
두려움도 외로움도 고통도
이 모두 너를 향한 우리의 숨결

너를 향해 노래 부르는 우리
너를 껴안고 몸부림치는 우리
그것은 우리의 숨결이다
그것은 우리의 숙명이다

두려움과 공포가 엄습해 와도
그것이 어찌 인권 없는 밀실에서 사투를 벌이는 숨결만 하랴
그것이 어찌 총칼과 군홧발에 짓밟히는 목숨만 하랴

온몸이 으깨어지고 숨이 잘려 나가도
목젖 안으로 가쁜 숨결 재워 삼키고
뜨거운 숨 토하며
우리, 새벽 강을 건너자

-<새벽으로 가는 길> 전문

조금래의 80년대 대학 생활은 최루가스에 범벅된 시간이었다고 필자가 들은 바 있다. 군부 쿠데타에 의해 짓밟힌 광주시민들의 희생과 5.18운동의 숭고한 정신을 조금래는 알고 있다. 자유와 민주주의를 위해 목숨을 던진 시민들이 있었기에 오늘날의 대한민국이 존재할 수 있다는 점도 그는 잘 알고 있다.

그래서 그는 2~4연에서 "자유와 민주주의, 너를 위해/피 흘리며 건너야 할 이 밤/두려움도 외로움도 고통도/이 모두 너를 향한 우리의 숨결//너를 향해 노래 부르는 우리/너를 껴안고 몸부림치는 우리/그것은 우리의 숨결이다/그것은 우리의 숙명이다//두려움과 공포가 엄습해 와도 그것이 어찌 인권 없는 밀실에서 사투를 벌이는 숨결만 하랴/그것이 어찌 총칼과 군홧발에 짓밟히는 목숨만 하랴"하며 마음을 다진다. 그리고 마지막 연에서처럼 "온몸이 으깨어지고 숨이 잘려 나가도/목젖 안으로 가쁜 숨결 재워 삼키고/뜨거운 숨 토하며/우리, 새벽 강을 건너자"하면서 결연한 의지를 다진다.

Ⅳ. 그리움이 현실 삶에 깊이 녹아든 이미지의 시

조금래가 노래하는 자연에 대한 애정과 예찬은 그리운 대상과 연결된다. 그래서 그가 노래하는 자연에는 필연처럼 어머니, 가족, 친구, 이웃 등 그리운 대상들이 등장한다. 이때 조금래는 자기가 체험했던 총체적 경험을 그리움이라는 오브제를 통해 이미지로 형상화해 낸다.

    톡!
    톡!
    톡!
    단풍잎 터지는 소리

    붉은빛 감도는
    연초록 잎잎들

고운 양탄자 타고
햇살이 바람에 희살댄다

아기 손처럼 부드러운 그 마음 다칠까
화분 언저리에 가만히 찬바람은 재워놓고
붉은 가을을 꿈꾸는 열망이여

아아, 내 가슴 속에서
숨 고르며 피어나는
청아(清雅)한 아침이여

-<단풍잎 피어나는 봄 뜨락> 전문

조금래는 자연을 대할 때 오감을 열어 놓고 맞이한다. 햇살 피어나는 봄을 그는 단풍잎 피어나는 봄 뜨락에서 온몸으로 맞는다. 단풍나무가 봄눈을 틔우는 것을 지켜볼 수 있는 것은 그에게 큰 기쁨이다. 이러한 기쁨은 '톡! 톡! 톡! 단풍잎 터지는 소리, 고운 양탄자, 아기 손처럼 부드러운' 등으로 표현되면서 조금래에게 청아한 아침의 극치를 보여주고 있다.

오늘도 나는 서석대 되어
그대 앞에 서고 싶습니다
내일은 그대가 입석대 되어
내 앞에 서주세요

구름 타고 흐르던 내 마음
길게 늘인 그림자로 남아

그대 곁에 머무는 것은 싫습니다
그대도 바람에 띄워 보내는 입김일랑
이제 더는 내게 보내지 마세요

내가 서석대 되어 그대 앞에 서고
그대가 입석대 되어 내 앞에 서는 날
푸르른 하늘 아래 산새들 소리도
번지는 햇살처럼 맑고 아름다울 테니까요

-<내가 서석대 되어> 전문

 덕유산 자락 산골에서 태어나고 자란 조금래에게 산은 친구같은 존재이자 안식과 그리움 그 자체이다. 필자는 그가 백두대간 백대명산을 두루 주유한 것으로 알고 있다. 산을 좋아하는 그가 멀리 무등산을 찾아 나설 때의 마음은 어떠했을까. 설렘 그 자체였을 것이다. 더구나 주상절리로 이루어진 웅장한 자연경관은 그의 넋을 송두리째 앗아갔을 게 자명하다. 그렇게 아름답고 신비한 자연을 대하면서 그는 문득 그리운 사람을 떠올린다. 그가 그리워하는 사람을 누구라고 특정하기는 어렵지만, 아마도 그가 사랑하는 아내일 것으로 짐작된다. 가게 일로 아내와 휴일 산행이 쉽지 않다고 들은 바 있는 필자 생각으로는 경이로운 자연경관 앞에서 조금래는 자기 아내를 떠올렸을 것이다. 그는 1~2연에서처럼 아내에게 고백하듯이 말한다. "오늘도 나는 서석대 되어/그대 앞에 서고 싶습니다/내일은 그대가 입석대 되어/내 앞에 서주세요//구름 타고 흐르던 내 마음/길게 늘인 그림자로 남아/그대 곁에 머무는 것은 싫습니다/그대도 바람에 띄워 보내는 입김일랑/이제 더는 내게 보내지 마세요" 이러한 표현은 자연이 빚어낸 아름답고 신비한 입석대와 서석대가 무등산에서 함께하고 있는 것처럼, 조금래도 <내가 서석대 되어>를 통해 그리운 아내와 함께 산행할 수 있기를 간절히 바라고 있는 것이라 하겠다.

      지상의 어둠 껴안은 눈부신 순결(純潔)이여
      너의 흰 살갗에 박혀 있는
      가슴 시린 기억을 나는 알겠다

      꽃샘바람 한 자락에도 마음 내보이고
      햇살 한 줌에도 눈길 열어주던
      그 사랑을 나는 알겠다

      세상 낮은 곳에서
      손발 시려 떨던 마른 풀잎들을
      하얗게 덮어 주던 그 마음

      능선을 불어온 바람이
      오랑캐꽃 꽃등에
      햇살 한 줌 따사로이 얹어주는 지금

      봄눈으로 녹아 흐르며
      들꽃 뿌리 적셔 주는 너는 사랑이었구나
      아아, 눈부시게 맑은 사랑이었구나

                            -<잔설(殘雪)> 전문

조금래의 아내에 대한 마음은 <잔설(殘雪)>에서도 잘 드러난다. 그는 자연을 마주할때 낭만적 색채를 한층 더 깊이 있게 드러낸다. 그리고 그가 추구하는 그리움이라는 시적 미학을 자연 속에서 그만의 오브제로 풀어낸다. <잔설(殘雪)>에서 조금래는 따뜻한 마음을 지닌 사랑을 기억해 내고 그것을 추억한다. 일반적으로 '잔설(殘雪)'하면 차가운 이미지를 떠올리지만, 조금래는 오히려 잔설에서 맑고 따뜻한 이미지를 형상화해 내고 있다. 그래서 이것은 '손발 시려 떨던 마른 풀잎'처럼 살던 그에게 그의 아내는 '오랑캐꽃 꽃등에 햇살 한 줌 따사로이 얹어주는' 그런 존재였을지도 모른다. 아내에 대한 조금래의 이러한 생각은 일상적 삶을 담아낸 <치마상추>에서도 나타나고 있다.

      한 평 남짓한 옥상 텃밭에 들어서면
      바람에 얼굴 씻으며
      아침햇살로 단장하는 너

      오늘도 잊지 않고 어김없이 찾아왔다고
      잇속까지 내보이며
      맑게 웃어주는 너

      텃밭 가장자리를 돌아 네 가까이 다가가면
      미풍에 고운 치마 팔락이며
      나비처럼 하늘을 날아오를 듯한 너

      알록달록 고운 너는
      오늘도 아침을 싱그럽게 열어주는

내 마음의 청량(淸凉) 여인

-<치마상추> 전문

　인용 시는 조금래가 옥상에 텃밭을 만들어 놓고 몇 가지 채소를 키우며 살아가고 있음을 짐작하게 해주는 대목이다. 아침마다 상추에 물을 주기 위해 옥상에 오르는 그는 무엇보다 마음이 설레고 기쁘다. 햇살 좋은 아침, 미풍 속의 치마상추는 조금래의 아침을 싱그럽게 열어주는 활력소다. 조금래는 상추를 보면서 아내를 떠올린다. 아침이면 밝은 표정으로 자신을 대하는 아내가 그에게는 기쁨 그 자체이다. "텃밭 가장자리를 돌아 네 가까이 다가가면/미풍에 고운 치마 팔락이며/나비처럼 하늘을 날아오를듯한 너//알록달록 고운 너는/오늘도 아침을 싱그럽게 열어주는/내 마음의 청량(淸凉) 여인"이라고 표현한 3~4연은 표면상으로 치마상추를 노래하고 있는 듯하지만, 사실은 조금래가 자기 아내를 노래하고 있는 것이라 하겠다. 밝은 표정으로 아침을 열어주는 아내가 그에게는 청량제(淸凉劑) 같은 존재일 수밖에 없을 것이다. 조금래의 가족에 대한 사랑은 이것에 그치지 않는다. 다음 시 <서사(敍事)가 있는 풍경>을 보면 딸에 대한 사랑이 얼만큼 크고 깊은지도 알 수 있다.

　　쎄느강변을 따라
　　튈르리 가든을 찾아가는 내 마음이여

　　네가 앉았을 그 벤치에 앉아
　　한없이 너를 그리워하는 내 마음이여

바람을 타고 번져오는 물결 위로
니트 라피아햇 흰 모자를 쓴 너의 모습을 살며시 띄우면
내 마음은 콩코르드 광장에서 불어온 바람을 타고
쎄느강을 따라 넘실넘실 흘러가는 바토파리지앵

햇살을 타고 번져오는 꽃향기 속으로
해맑은 너의 표정을 떠올리면
나는 오르세미술관에서 피아노를 연주하는 소녀들의 마음을 따라
루브르박물관에 서 있는 밀로의 비너스를 만나러 가는 황홀한 이방인

파리의 푸른 하늘과 흰 구름을 배경 삼아
하얀 수선화 같은 표정을 사진에 담아 서울로 보내온 너는
내 입가에 미소를 피워내는 아름다운 천사

세이지 꽃 가득 핀 이 길을 따라 걷던 너는
마이욜의 강과 지중해를 바라보며
쎄느강으로 흐를 튈르리 연못에 어떤 배(船)를 띄웠을까

파란 연못에 비치는 장미 위로
하얀 수선화 같은 너의 모습을 띄우던 나는
문득 한 줄기 바람이 되고 싶다

너의 꿈을 싣고 가는 그 뱃길 따라
에펠탑 잔영(殘影)들도 넘실넘실 뒤따르는

쎄느강을 불어가는 한 줄기 바람이 되고 싶다

-<서사(敍事)가 있는 풍경> 전문

튈르리 가든을 찾아가는 조금래 발걸음은 설레는 마음으로 가득하다. 쎄느강을 따라 걷다 튈르리 가든으로 들어선 그는 딸이 앉았을 연못가 벤치에 앉아 딸의 모습을 떠 올리며 그리워한다. 그리고 솟아오르는 분수와 마이욜의 조각과 아름답게 핀 장미, 수선화, 세이지 꽃들을 바라보며 딸 생각에 빠져든다. 이국땅을 여행할 때 같은 장소가 여정에 들어있는 것도 흔치 않은 일일 텐데, 이처럼 딸의 발자취를 따라가 보는 조금래의 여정은 매우 설레고 즐거웠을 것이다. 사랑하는 딸에 대한 자신의 마음을 여행이라는 것을 통해 이처럼 아름다운 그리움의 시로 담아낼 수 있는 조금래가 필자는 마냥 부럽다. 그러면 그리움의 대상을 이렇게 아름답게 노래할 수 있는 조금래의 마음은 어디에서 비롯된 것일까. 다음 시 <들길을 걷다가>를 감상해 보면 조금래가 노래하는 그리움의 본향이 어디에서 비롯되고 있는가를 짐작할 수 있다.

어머니, 마당말 애개기 들길을
당신과 함께 걷고 싶어요

오늘도 민들레는 저리 환히 웃고 있는데
어머니, 당신은 각바우 방죽 산모롱이에 잠들어 계시는 군요

겨울을 건너온 제비꽃도 작은 미소(微笑)로 저리 나를

반기는데
호미 소쿠리 들고 함께 밭으로 가던 자운영 향기 넘쳐
흐르는 이 들길을
어머니, 이제 어이 할까요

봄볕 따사로운 건넌 샘 동산에 앉아
토끼풀 시계 만들어
내 손목에 하얗게 채워주시던 어머니

시침(時針) 없는 토끼풀 시계 되돌려 놓고
봄 동산을 날아오르는 벌 나비 따라
오늘도, 당신과 함께 그 들길을 다시 걷고 싶어요

-<들길을 걷다가> 전문

  인용 시에는 어머니에 대한 그리움이 다양한 이미지로 형상화 되어 나타나고 있다. 어머니를 그리워하는 마음이 봄 들녘 여기저기에서 꽃향기처럼 흐르고 있다. 조금래는 농사짓는 부모님을 따라 마당말 애개기 들길을 숱하게 오갔을 것이다.
민들레, 자운영, 토끼풀이 흐드러지게 피어 있는 들길을 어머니 따라 오갔던 기억이 아직도 그에게는 짙은 향수로 남아 있다. 농사를 짓느라 눈코 뜰 새 없이 바쁜 와중에도 잠시 짬을 내어 동산에 앉아 토끼풀 시계를 만들어 아들 손목에 채워주시던 어머니, 그렇게 섬세하고 자상했던 어머니를 그가 어찌 잊을 수 있겠는가. 다음 시 <산 따라 물따라>에서도 조금래의 어머니에 대한 그리움이 짙게 배어난다.

1.
어머니, 이 산길 따라 걸어가면
그리운 어머니 만날 수 있나요
가고 가도 끝이 없는 길
어머니, 그 어디쯤 머물고 계시나요

어머니 손 잡고
들판을 지나 가파른 산길을 걸어갈 때
조금도 힘들지 않았던 길이
오늘은 왜 이다지도 힘들고 멀기만 한가요

능선을 걸어 산봉우리를 넘으면
손에 잡힐 듯이 보이던 골짜기
그 골짜기에서 어머니와 함께
잘 익은 머루 다래 한 자루 따서
저물녘, 그 들길을 다시 걷고 싶어요

2.
어머니, 이 물길 따라 흘러가면
보고 싶은 어머니 만날 수 있나요
물 건너 어머니가 계신다면
깊은 물을 걸어서라도 건너갈게요

어머니, 치맛자락 잡고
다슬기 잡던 그 시절 그리워
냇물에 발을 담그면

냇물은 높은 하늘만 가득 담고 흘러갑니다

물 따라 멀리 흘러간 옛 추억 그리며
긴 그림자 밟고 돌아오는 길에는
눈물 자국만 가득하네요

끓인 다슬기 국물
숟가락으로 술술 휘저으면
파랗게 출렁이는 물결 속으로
수수하게 웃으시던 어머니 모습 되살아오네요

-<산 따라 물 따라> 전문

  조금래는 현실 부재의 어머니를 향해 대화하듯이 시를 전개하고 있다. 그가 하는 말에 어머니가 대답해 주면 좋으련만, 현실은 그렇지 못해 안타깝기만 하다. 1의 3연과 2의 2, 4연을 살펴보자. "능선을 걸어 산봉우리를 넘으면/손에 잡힐 듯이 보이던 골짜기/그 골짜기에서 어머니와 함께/잘 익은 머루다래 한 자루 따서/저물녘, 그 들길을 다시 걷고 싶어요", "어머니, 치맛자락 잡고/다슬기 잡던 그 시절 그리워/냇물에 발을 담그면/냇물은 높은 하늘만 가득 담고 흘러갑니다", "끓인 다슬기 국물/숟가락으로 술술 휘저으면/파랗게 출렁이는 물결 속으로/수수하게 웃으시던 어머니 모습 되살아올까요"에서 화자는 어머니와의 추억을 구체적 이미지로 형상화해 떠올리고 있다. 수온이 올라갈 즈음 냇가에 다슬기 잡으러 가는 일이나 추수가 한창일 무렵 머루다래 따러 산을 찾아가는 것은 일상적인 농촌의 풍경이었을 것이다. 그러나 그러한 일은 주로 어른들이

했으면 했지, 아이들이 했던 것은 아니었을 것이다. 그럼에도 어머니와의 이러한 추억을 간직하고 있다는 것은 그가 어머니를 얼마나 좋아하고 따랐는지 우리는 짐작할 수 있다. 그리고 조금래의 어머니도 아들의 이러한 마음을 잘 헤아리고 있었기에 그러한 추억이 그리움으로 남아 있게 된 것이라고 할 수 있다. 조금래 어머니께서 지닌 이런 자애로운 품성은 가족 공동체에도 큰 영향을 주었음이 분명하다. <그리운 제주의 꿈>과 <카톡방>을 보면 조금래 가족들이 어떠한 모습으로 살아가는지 알 수 있다.

가슴 속에 출렁이는 꿈이여
눈빛 속에 살아오는 그리움이여

푸른 파도 위에 그리운 누님의 모습을 띄우면
매형 형님 동생 조카 가족들의 얼굴이
유채꽃처럼 밝고 곱게 내 가슴을 물밀어온다

동기간의 그리움을 안고 살다가
올래길 곳곳을 함께 거닐고
넓고 푸른 바다를 같이 바라보던
꿈결 같은 시간이여

제주의 아름다움에 취해
더러 가족들 움직임을 놓치기 일쑤였지만
막내와 조카의 장쾌한 웃음소리에 서로 합류해
또다시 마주해 웃던 순간순간들이여

벌써 나는
꿈만 같던 제주의 그 시간을 안고 사는 그리움이 되었다
용두암 에코랜드 예술인마을 큰엉을 돌고
518 숲길 절물휴양림 섭지코지 바람을 쐬다
어쩔 수 없이 나는
제주 사랑에 몸부림치는 그리움이 되었다

오늘도
추억의 가족사진을 보다가
나는 성산 앞바다에 출렁이는 그리운 사랑이 되어버렸다

-<그리운 제주의 꿈> 전문

 <그리운 제주의 꿈>에는 조금래가 가족을 얼마나 그리워하며 살아가는지 알 수 있다. 그에게 가족은 그리움 그 자체라고 할 수 있다. 그가 가족을 그리워하는 통로는 누님으로부터 비롯된다. 고등학교 때 8남매를 둔 어머니를 여읜 다섯째인 그에게 맏이이신 누님은 어머니와 같은 존재였을 것이다.
"푸른 파도 위에 그리웠던 누님의 모습을 띄우면/매형 형님 동생 조카 가족들의 얼굴이/유채꽃처럼 밝고 곱게 내 가슴을 물밀어온다"에서 볼 수 있듯이 누님은 그에게 그리움의 대상이자 그리움을 열어주는 그런 존재이다. 그래서 그가 누님을 마음에 떠올리면 가족 하나하나의 모습이 그의 뇌리를 파노라마처럼 스쳐 간다. 제주도로 가족 여행을 다녀온 그에게 제주에서의 아름다운 추억은 두고두고 잊지 못할 그리움으로 남아 있다. 온 가족이 함께 올래길, 용두암, 에코랜드, 성산일출봉, 예술인마을, 큰엉, 518 숲길, 절물휴양림, 섭지코지 등

명소란 명소는 다 찾아다닌다. 그곳에서 가족들과 쌓은 추억을 조금래는 잊지 못하고 있다. 특히 제주의 아름다움에 취해 가족의 움직임을 더러 놓치기도 하였지만, 막내와 조카의 장쾌한 웃음소리로 그 위치를 확인하고 가족들과 합류하는 모습, 이러한 모습은 시인에게는 결코 잊을 수 없는 아름다운 추억으로 남아 있다. 다음 시 <카톡방>에서도 조금래가 가족과 일상을 어떻게 보내는지 상상해 볼 수 있다.

> 그리워
> 하고 카톡을 보냈더니
> 내 그리움보다 더 절절한 마음으로 되돌아오는
> 그리움
>
> 사랑해
> 하고 카톡을 보냈더니
> 내 사랑보다 더 절절한 마음으로 되돌아오는
> 사랑
>
> 날이 갈수록
> 자판을 누르는 자모음이 서로 비슷해지는 우리 가족
> 그래서 입가에 도는 미소도 닮아가는 우리 가족
>
> 카톡방은
> 우리 가족의 행복한 사랑방
>
> -<카톡방> 전문

가족에 대한 그리움과 사랑은 조금래가 가족들과 주고받는 카톡을 통해 한층 더 증폭되어 나타난다. 인용 시는 가족이 방에 둘러앉아 정담을 나누고 있는 듯한 느낌을 물씬 풍긴다. 바닥만큼의 스마트폰 공간을 서로 소통할 수 있는 사랑방으로 확장해가는 조금래의 인식에 공감하며 거기에서 온정을 느낀다. 문명이 제아무리 발달해도 온돌이 설설 끓는 아랫목에 가족들이 옹기종기 모여 앉아 이야기 나누며 살아가는 그런 분위기의 세상을 조금래는 꿈꾸고 있다. 그러나 현대사회에서 그러한 꿈을 실현하기에는 너무 요원하다. 그러기에 조금래는 카톡방을 곧바로 사랑방 이미지로 치환해버린다. 그리고는 "자판을 누르는 자모음이 서로 비슷해지는 우리 가족/그래서 입가에 도는 미소도 닮아가는 우리 가족//카톡방은/우리 가족의 행복한 사랑방"이라고 말한다. 그렇게 하여 조금래는 자기 가족이 얼마나 화목하게 지내고 있는가를 독자의 상상에 내맡긴다.

V. 슬픔이 그리움의 날개를 달고 꿈의 세계로 향하는 내면 의식

인간은 숙명적으로 외로움과 슬픔을 안고 살아가기 마련이다. 조금래가 노래하는 그리움에는 깊은 사랑이 남긴 외로움과 슬픔이 애잔하게 흐르고 있다. 다음 시 <그리움으로 피어나는 새벽>을 통해 살펴보자.

어슴푸레한 빛이 피어나면서
새벽 별이 하나 둘 사라져 갈 때
밤새 너를 그리워하던 나는
지그시 눈을 감아야 한다

눈가에 흐르는 눈물일랑 흐르는 채 두고
한숨 속에 피어나는 슬픔을 가누며
오늘도 하루를 견뎌내기 위해
아침 속으로 나는 걸어가야만 한다

눈물 속에 피어나는 것은
아직 다 익지 못한 우리의 사랑이리
애끊는 아픔으로 차오르는 것은
못다 한 사랑이 품어내는 회한이리

산새들이 날아와 울어대는 이 아침을
오늘 나는 또 어디로 떠나보내야 하느냐

-<그리움으로 피어나는 새벽> 전문

   밤새 누군가를 그리워하던 화자는 지그시 눈을 감는다. 그렇게 잠 못 이룬 채 맞이하는 아침을 산새들은 또 울음소리로 열고 있다. "눈물 속에 피어나는 것은/아직 다 익지 못한 우리의 사랑이리/애끊는 아픔으로 차오르는 것은/못다 한 사랑이 품어내는 회한이리" 이처럼 그가 품고 있는 못다 한 사랑에 대한 회한은 무엇일까. 그것은 부재의 대상과 잇닿아 있기에 조금래가 노래하는 그리움은 그 무엇으로도 달랠 수 없다. 사랑하는 대상에 대한 상실감과 8남매 중 혼자만 서울에서 살아가는 그로서는 자나 깨나 피붙이가 그리울 것이다. 언제나 같이하고 싶지만, 그럴 수 없는 서글픈 현실을 조금래는 시로써 극복해 가고 있다. 달래듯 위로하듯 전개되는 이러한 그의 시는 절망의 늪에 빠져들지 않고 긍정적 이미지로 승화되어 우리 앞에 선연히 나타난다. <너의 사랑이 눈물이라면>에는 스스로 슬픔을 견디고 이겨내려는 내면 의식이 바탕에 흐르고 있다.

> 너의 사랑이 눈물이라면
> 나는 네 눈물을 타고 떠가는
> 흰 종이배 되리
>
> 너의 사랑이 눈물이라면
> 나는 네 눈물을 타고 거슬러 오르는
> 한 마리 비단잉어가 되리
>
> 흰 종이배 타고
> 삼천대천세계를 돌아오는 날
> 눈물의 강에 꿈의 비단잉어 유영할지니
>
> 눈물 비친 내 눈망울 속으로
> 그립고 애달픈 사랑이 오롯이 살아올 때
> 나, 네 눈망울에 솟아나는 맑은 눈물이 되리
>
> -<너의 사랑이 눈물이라면> 전문

　눈물로 남은 사랑이 그저 슬픔으로만 끝나고 만다면 이것은 얼마나 가슴 아픈 일인가. 그러나 그가 흘리는 눈물은 "너의 사랑이 눈물이라면/나는 네 눈물을 타고 떠가는/흰 종이배 되리//너의 사랑이 눈물이라면/나는 네 눈물을 타고 거슬러 오르는/한마리 비단잉어가 되리"에서 보이듯이 흰 종이배가 되고 비단잉어가 되고자 한다. 그리고 흰 종이배가 되어

삼천대천세계를 돌아오는 날 화자는 눈물의 강을 유영하는 비단잉어가 되기를 소망한다. 이러한 소망 의지는 윤회사상과 맞닿아 있다. 여기에는 만남과 이별 속에 눈물이 생성되어 만남은 이별은 낳고 이별은 눈물을 낳아 그 눈물이 또다시 새로운 만남을 낳을 것이라는 순환성이 내포되어 있다. 이것은 조금래가 그리워하는 부재의 대상이 시공을 초월해서 그의 마음속에 오롯이 남아 있거나 남아 있기를 간절히 소망하고 있다는 것을 의미한다고 하겠다. 이러한 그의 내면 의식은 <떠난 길 되밟아 오면> 시에도 나타나고 있다.

   1.
   나는
   가늠하고도 남지

   오는 발길이야 더없이 가볍겠지만
   가는 발길은 얼마나 무거울지를

   (중략)

   2.
   너의 뒷모습을
   그저 바라봐야만 하는 나는 속으로 울지
   서러운 눈물 삼키며 가슴으로 울지

   마음이 가는 대로 한다면야
   무작정 너를 되돌려놓고도 남겠지

하지만 봄꽃들이 내 귀에 대고
지는 석양을 바라만 보는 북한산처럼
너도 그렇게 북한산을 닮아야 할 거라고 일러주더군

(중략)

3.
너의 발길이
길모퉁이에 접어들면
바람이 내 마음을 마구 훑지

가는 너를 붙잡지 못하고
웃음으로 안녕하며
웅얼웅얼 눈물 삼키는 사랑이여

뒤돌아보지 않고
모퉁이를 저대로 꺾어 돌면
우두커니 남을 나는 어쩌나

힘없이 흔드는 내 손 잡아주러
가던 길 되밟아 오면
내 얼굴에 웃음꽃 피어나려나

(중략)

밤새도록 뒤척이다가
꿈결로라도 너의 발길 따라 가면

> 너는 가던 길 되밟아 내게 오려나

> -<떠난 길 되밟아 오면> 부분

　사랑하는 사람을 떠나보내는 것은 가슴 아픈 일이다. 그러나 이별이 정해진 숙명이라면 그것을 받아들일 수밖에 없다는 의식이 인용 시에 잘 나타나 있다. 1을 보면 이별 후에 남은 자도 서럽도록 안타깝지만, '가는 발길은 얼마나 무거울지를' 하며 떠나는 이의 마음을 헤아리는 화자의 마음 앞에 눈가에 눈물이 저절로 맺힌다. 그리고 2에서처럼 마음 가는 대로 사랑하는 사람을 되돌려 놓고 싶지만 그럴 수 없는 현실 앞에서 '지는 석양을 바라만 보는 북한산처럼 너도 그렇게 북한산을 닮아야 할 거라고 일러주는 봄꽃들 말에 귀 기울이는 화자의 모습은 우리 가슴을 더욱 미어지게 한다. 마지막 연에서 화자는 사랑하는 사람이 가던 길 되밟아 오면 내 얼굴에 웃음꽃 피어나려나 하며 일말의 희망을 품는다. 그러나 현실은 사랑하는 사람의 발길이 길모퉁이에 접어들 때 바람이 화자의 마음을 마구 훑는 상황이다. 이러한 현실 앞에 인간은 숙명적으로 외로움과 슬픔을 안고 살아가는 존재라는 말을 다시금 절감하게 된다. 그러나 그런 외로움과 슬픔도 그리움으로 달래고 노래하는 조금래 시인의 마음 앞에 필자가 따뜻한 위로를 받는 그런 느낌이다.

Ⅵ. 나가면서

　그리움을 노래하는 시인, 조금래. 그가 쓴 <몽마르뜨 언덕에 흐르는 꿈>을 처음 만났을 때, '이번 시집에서 조금래가 노래하는 그리움의 색(色)은 어떤 빛일까' 하는 설렘이 앞섰다.

이번 시집에 나타나는 조금래 시의 낭만주의적 색채는 자연과 유토피아를 노래한 영국의 목가적 낭만주의와는 그 성격을 달리하고 있다. 그는 자연을 예찬하며 그것에 동화되기도 하지만, 자연 현상에 비추어 현실을 깊숙이 들여다보고 있다.

조금래 시인은 낭만주의를 바탕으로 하면서도 결코 현실을 외면하지 않고, 오히려 참여문학보다 더 치열하게 현실에 맞서는 태도를 견지하고 있다. 자연을 훼손하고 인간다운 삶을 파괴하는 그 어떠한 행위도 용납하지 않는 태도를 보인다.

우리가 그리워하며 꿈꾸는 유토피아는 어떤 세계일까. 손에 잡힐 듯 잡히지 않는 세상, 현실적으로 도달할 수 없는 세상, 분명히 그런 세상이 유토피아는 아닐 것이다. 우리가 꿈꾸고 노래하면 얼마든지 가 닿을 수 있는 세계, 그런 곳이 진정한 유토피아가 아니겠는가. 조금래 시인이 꿈꾸는 유토피아는 현실을 어떻게 인식하고 또 어떻게 마음먹느냐에 따라 도달 가능하다고 생각하는 그런 세계이다. 비바람을 만나 비에 젖은 삶이지만 잿빛 하늘 등지고 꽃향기 찾아 떠나면 만날 수 있는, 그런 세계이다. 끝으로 이러한 내면 의식을 나타내고 있는 시, <날아라, 우울한 현실의 몽상이여>를 감상하면서 조금래 시인이 꿈꾸는 그리움의 세계로 함께 날아가 보자.

 비에 젖은 내 삶의 뜨락으로
 바람처럼 날아든 나비여
 네 날개에 남은 봄꽃 향기 찾아
 나 떠나가련다

 가다가 비바람을 만나면
 한쪽 날개로라도 오월의 들판을 날아오르고

가다가 향기로운 꽃밭을 만나면
햇살 가득한 꽃잎 위를 훨훨훨 날아가련다

오월의 잿빛 하늘 등지고
눈 감아도 눈부시게 살아오는 신록을 찾아
너의 몸짓으로 나 떠나가련다

날고 또 날아도
날아오르지 못하는 지친 하늘일랑 남겨두고
네 날개에 남은 봄꽃 향기 찾아
너의 몸짓으로 나 떠나가련다

몽마르뜨 언덕에 흐르는 꿈

지 은 이	조금래
발 행 인	조금래
펴 낸 곳	도서출판 외림(oelim)
주　　소	서울특별시 도봉구 도봉로 149길 5-3 2층(방학동)
대표전화	010-3301-5873
전　　화	(02) 6448-5873
F A X	(02) 6448-5878
이 메 일	seokhwa683683@hanmail.net
발 행 일	2025년 4월 28일
등록번호	제2025-000024호

값 13,000원
ISBN 979-11-992154-2-9

* 파본은 본사나 구입하신 서점에서 교환해 드립니다.
* 이 책은 저작권법에 의하여 보호를 받는 저작물이므로 무단 전재와 복제를 금합니다